www.tredition.de

AF186483

www.tredition.de

© 2016 Stefan Gatzemeier

Verlag: tredition GmbH, Hamburg
Homepage: www.StefanGatzemeier.de
Facebook: www.facebook.com/StefanGatzemeierAutor
Cover Foto: Annekatrin Seel
Homepage: www.fotografie-seel.de
Facebook: https://www.facebook.com/fotografieseel
Model/Visagie: Esmee Stadie
Facebook: www.facebook.com/drachenherzwelt

ISBN
Paperback: 978-3-7345-8414-5
Hardcover: 978-3-7345-8415-2
e-Book: 978-3-7345-8416-9

Printed in Germany

Stefan Gatzemeier

Diagnose Depression

Was den Betroffenen niemand sagt

Ratgeber für

Betroffene, Angehörige und Interessierte

Über den Autor

Oh Stefan, Onkel Stefan, Gatze oder einfach Gatzi. Stefan Gatzemeier hat nicht nur viele Gesichter, sondern auch viele Namen. Doch eins ist immer gleich: Welcher Tätigkeit der 1981 in Hannover Geborene auch nachgeht, er macht es mit Begeisterung und 100%igem Einsatz. Wenn er nicht gerade bei einem großen Automobilhersteller in Hannover im Bereich der Arbeitssicherheit und des Umweltschutzes arbeitet, engagiert er sich ehrenamtlich beim Roten Kreuz als Sanitäter oder als Ausbilder für die Erste Hilfe. Sein Interesse für die Psychologie/Psychotherapie wurde in seiner eigenen, langjährigen Therapie geweckt.

Von 2015–2016 belegte er ein drei Semester langes Studium zum Psychologischen Berater/Personal Coach, welches er mit der Bestnote 1,0 abschloss. Oftmals ist er in einem Café vorzufinden und schreibt Texte für sein neues Buchprojekt, oder aber er bereitet Workshops und Vorträge über psychologische Themen vor. Seinen Rückzugsort findet er in einem kleinen Ort, am westlichen Rand der Region Hannover. Dort bildet er mit seinen Katern Pinky und Gizmo eine lustige Männer–WG.

Inhaltsverzeichnis

Der Gesunde hat viele Wünsche, der Kranke nur einen

Vorwort

Schon im letzten Kapitel meines Manuskriptes zum Buch »Let Me Go«

überlegte ich: »Was kommt nun?« Nach der Veröffentlichung meines

Buches fragten mich einige interessierte Leser, ob Sie weitere

Publikationen von mir erwarten dürften. Viel zu gerne hatte ich

inzwischen die Schreiberei liebgewonnen, um nach der Publizierung

meines ersten Buches das Schreiben einfach einzustellen. Als sich

meine Korrektorin mein Manuskript vornahm, stellte sie schnell fest,

dass ich mir inzwischen einen Psychologen-Slang angewöhnt hatte. So

nannte sie es immer. Einige Fachausdrücke wurden für mich zur

Selbstverständlichkeit. So kam es dazu, dass ich eine Menge Vokabeln

erläutern musste. Die Erklärung der Fachausdrücke wurde dem Text

hinzugefügt. Im Laufe der letzten Jahre kam es immer wieder vor, dass

ich bei Klinikaufenthalten der sogenannte Klinik-Veteran war. Einige

Patienten hörten mir stundenlang zu, sobald ich etwas von meiner

Erfahrung und meinem Wissen weitergab. Oftmals war ich selbst

erstaunt, welch ein Wissensrepertoire ich mir angeeignet hatte, sei es

über die Depression selbst oder aber über Ärzte, Psychologen, Kliniken,

Therapieverfahren und Etliches mehr. Immer wieder habe ich in den

letzten Jahren die Erfahrung machen müssen, dass Patienten von

Ärzten, Krankenhäusern und leider auch von Therapeuten

unzureichend über ihre Erkrankung aufgeklärt wurden. Obwohl in den letzten zehn Jahren viel Aufklärungsarbeit geleistet wurde, gibt es noch einen immensen Bedarf nach weiterer Aufklärung. Ich erlebe es immer wieder, dass Menschen zum Beispiel nicht den Unterschied zwischen Psychiater und Psychologen kennen! Wissen Sie ihn? Wenn nicht, ist dieses Buch genau das Richtige für Sie! Ich will einiges, was mir in den letzten Jahren geholfen hat, aufschreiben und denjenigen damit helfen, die sich in der gleichen oder aber ähnlichen Situation befinden, wie ich vor ein paar Jahren.

Gleichzeitig möchte ich aber auch warnen. Ich bin kein Fachmann und dieses Buch ist nicht dafür gedacht, eine notwendige Therapie oder einen Arztbesuch zu ersetzen. Im Zweifel möchte ich Sie bitten, stets auf ihren Arzt oder Therapeuten zu hören. Es geht mir darum, Informationen von einem erfahrenen Patienten an andere Patienten weiterzugeben, getreu dem Motto: aus der Praxis, für die Praxis. Auch gilt, was mir geholfen hat, muss nicht jedem helfen. Um zu verstehen wieso etwas hilft, sollte ich verstehen, weshalb ich erkrankt bin. Deshalb werde ich die möglichen Ursachen einer Depression erläutern. Wenn wir uns den Arm gebrochen haben, wissen wir in der Regel warum. Auch dass unser Knochen verletzt ist, ist uns bekannt. Wir wissen, dass wir höchstwahrscheinlich einen Gips bekommen. Wenn wir eine Erkältung haben, wissen wir, dass in der Regel Viren daran schuld sind.

Wir haben in unserer Vergangenheit gelernt, welche Hausmittelchen bei einem Infekt helfen und was wir benötigen, damit es uns schnell wieder gut geht. Doch wenn unsere Seele erkrankt, wissen wir auf einmal nicht weiter und tappen wortwörtlich im Dunkeln.

1. Alles vom Anfang

Laut einer Studie der Welt-Gesundheits-Organisation *(WHO)* aus dem Jahre 2012 leiden derzeit ca. 350 Millionen Menschen weltweit an einer behandlungsbedürftigen Depression. Die Dunkelziffer dürfte um ein Vielfaches höher liegen. Spätestens im Jahr 2030 wird erwartet, dass die Depression die häufigste diagnostizierte Krankheit der Welt ist. Doch es betrifft immer die anderen, nie uns selber. So ähnlich dachte ich damals auch. Und wenn es einen getroffen hatte, schafft man es ja alleine aus dieser Abwärtsspirale heraus. Es mag hart klingen, aber schlagen Sie sich genau diese zwei Dinge aus dem Kopf. Es ist unerheblich, ob Sie Akademiker, Handwerker oder arbeitslos sind. Es trifft jede Bevölkerungsschicht. Nur die Auslöser können verschieden sein. Die Erkrankung aber ist gleich. Sollte man jene tückische und vielschichtige Krankheit bei ihnen erkennen, seien Sie sich über eines gewiss: Sie bekommen Hilfe. Unerlässlich ist das Zulassen eben dieser Unterstützung. Es wird nicht ausreichend sein, zu einem Arzt und/oder einem Therapeuten zu gehen. Nein, man muss aktiv bei einer Therapie jeglicher Art mithelfen. Seien es die Ratschläge anzunehmen und umzusetzen oder aber die verschriebenen Medikamente zu nehmen. Häufig ist eine tückische Verlaufskurve der Erkrankung zu erkennen.

Es kann sein, dass es dem Betroffenen oft in der ersten Tageshälfte sehr schlecht geht, und die Symptome sind besonders ausgeprägt; gegen Abend ist man auf einmal nahezu beschwerdefrei. Es ist durchaus möglich, dass die Beschwerden auch den ganzen Tag gleichbleibend sind. Ein Verschwinden der Krankheitssymptome über mehrere Tage ist durchaus normal. Oftmals sind es die Familie oder Freunde, die diese Krankheit bei ihnen entdecken. Bei mir waren es durch Medien bekannt gewordene Symptome wie Traurigkeit und Niedergeschlagenheit im Wechsel mit Aggressionen und Wut. Ebenso können Freudlosigkeit, Appetitlosigkeit und eine nie da gewesene Antriebslosigkeit Indikatoren einer Depression sein. Ich entschloss mich, einen Test zu machen. Das Internet ist voll mit von Ärzten und Psychologen erstellten Fragebögen. Ich füllte drei verschiedene Fragebögen aus. Jeder Bogen ergab dasselbe Ergebnis: Sofort behandlungsbedürftige Depression. Und genau ich machte den Fehler, vor welchem ich Sie warnen möchte. Ich dachte auch, ich schaffe es alleine! Keine sechs Monate später war meine Ehe „im Eimer" sprich gescheitert, und ich landete das erste Mal in einer Psychiatrie.

Das häufigste Merkmal einer Depression bei den Betroffenen ist ebenfalls das negative Denken. Das ganze Leben wird pessimistisch gesehen. Die Gedanken drehen sich oft nur noch im Kreis, meist geht es um Dinge, die in der Vergangenheit liegen und nicht mehr beeinflusst werden können.

Einhergehend mit dem Gedankenkreisen, dem sogenannten „Grübeln", sind die Konzentrationsstörung und eine mögliche Schlafstörung. Ein charakteristisches, schwerwiegendes und gefährliches Gefühl ist die Sinnlosigkeit. Der Patient glaubt in diesem Stadium schon nicht mehr an seine Genesung. Trotzdem fallen ihm Entscheidungen schwer, aus Angst Fehler zu machen, was wiederum als eigenes Unvermögen gesehen wird. Das Ganze führt unter Umständen bis zu einem suizidalen Denken. Zu diesem ausführlichen Thema komme ich später.

2. Der schwarze Hund

Eine von vier Frauen und einer von sechs Männern erleben mindestens einmal im Leben eine Depression. Wer von einer Depression überfallen wird, hat kaum noch Wahlmöglichkeiten, denn die meisten Depressionen sind behandlungsbedürftig. Es gibt viele Ratgeber, die bei dieser tückischen Krankheit helfen, doch wer hat in diesem Moment noch die Kraft, etwas zu lesen? Meist sind die Betroffenen über Wochen, Monate und sogar Jahre hinweg traurig, verzweifelt, antriebslos. Die Symptome sind vielschichtig und oft verschieben oder sie verändern sich auch, reihen sich aneinander. Der berühmte Rattenschwanz ist geschaffen. Wer schlecht schläft, kann sich tagsüber schlecht konzentrieren. Wer sich schlecht konzentrieren kann, braucht eine größere psychische Kraft, um sein Alltagspensum zu bewältigen. Man ist sehr schnell erschöpft. So könnte man das immer weiterführen. Doch leider ist das Thema bis heute oftmals ein Tabu. Da ändert leider auch kein kurzes Wachrütteln, wenn sich ein Spitzensportler in Behandlung begibt. Viele Betroffene möchten sich nicht vor Freunden und Bekannten öffnen, weil sie Angst davor haben, nicht ernst genommen oder gar als „Psycho" bezeichnet zu werden. Ich bin da keine Ausnahme. Es ist während der letzten Jahre ein unheimlicher Druck entstanden. Teilweise ist es ein Leben in Lügen.

Gesunde können sich selten ein Bild davon machen, wie es im Kopf eines Betroffenen aussieht. Oft fallen die Worte: Zusammenreißen, nicht so anstellen oder gar Faulheit.

Der Autor Matthew Johnstone hat eine bemerkenswerte Abhilfe geschaffen. Er erklärt anhand eines Bilderbuches mit wenig Text die Krankheit Depression. (Mein schwarzer Hund: Wie ich meine Depression an die Leine legte; Kunstmann)

Das Wort Depression taucht in dem Buch nur im Vor- und Nachwort auf. Im Buch selber findet man immer wieder Metaphern dafür. Durch die Verbildlichung kann der Betroffene sich erste Informationen zu der Krankheit einholen und der Außenstehende kann sich wortwörtlich ein Bild machen. Die Depression bekommt die Form eines schwarzen Hundes. Man muss ihn begreifen und verstehen, wenn man ihn schon nicht abschütteln kann. Man kann ihm auch Gehorsam beibringen. Die bildliche Darstellung lässt nicht nur den Betroffenen schneller verstehen. Wenn ich heute in der Therapie oder beim Arzt versuche etwas zu beschreiben und mir die Worte für die Gefühle, die in mir vorherrschen, fehlen, fange ich automatisch an, in Bildern zu sprechen. Das hat mir immer sehr geholfen. Viele Therapeuten schlagen ihrem Patienten die „Schwarze Hund Methode" vor, um über ihre Depression zu sprechen. Ziel ist es, den schwarzen Hund an die Leine zu nehmen. Auch der Autor selbst ist so durch seine Depression gekommen.

3. Psychologe, Psychotherapeut und Psychiater

„Du solltest mal zu einem Psychiater auf die Couch". Diesen Satz haben bestimmt schon viele von uns bei einer Auseinandersetzung mit einem Freund gehört. Dieser Facharzt wird seine Patienten in der Regel nicht auf einer Couch behandeln.

3.1 Was oder wer ist ein Psychiater?

Ein Psychiater ist ein Facharzt für seelische Beschwerden. *(Griechisch, psyche „Seele, Leben")* Seine Aufgabe ist, Diagnosen zu stellen, körperliche und apparative Untersuchungen durchzuführen (Wahrnehmung von z.B. Worte, Geräusche, Musik, Bilder, Gegenstände) und medikamentöse und nicht-medikamentöse Therapien anzuordnen. Somit ist er auch für die Behandlung von Depressionen mit Arzneien verantwortlich. Oftmals verschreiben heute schon Allgemeinmediziner Antidepressiva, was meiner Meinung der absolut falsche Weg ist. Ein schwer depressiver Patient kann unter Umständen durch ein antriebssteigerndes Medikament so viel neuen Antrieb bekommen und erlangt so den letzten Schwung für einen möglichen Suizid. Somit würde ich immer den Gang zum Facharzt vorziehen.

Ziel sollte es doch sein, so lange wie möglich ohne Medikamente auszukommen und nur mit Hilfe der Psychotherapie aus der Abwärtsspirale wieder herauszukommen. Das kann und sollte allerdings einzig und allein ein Facharzt entscheiden und bewerten. Wir wissen nun, dass der Psychiater der Arzt für die Seele ist. Daher kommt auch der Begriff „Seelenklempner". Die Fachrichtung Seelenarzt, wie man früher ebenfalls sagte, ist eine der ältesten, die es gibt. Doch bedauerlicherweise werden die Leistungen eines Arztes für seelische Leiden geringer angesehen als die eines Chirurgen, was auch daran liegt, dass man die Erkrankungen, die ein Chirurg behandelt, in der Regel sieht. Hingegen kann man eine Depression, eine Psychose oder eine Angststörung nicht sehen. Einzig die Symptome werden sichtbar. Die Seele, der Geist ist erkrankt. Man wird von der Allgemeinheit oft als verrückt eingestuft. Das war nicht nur vor 100 Jahren so, das ist leider auch noch heute gang und gäbe. Das Verständnis für eine psychische Erkrankung in unserer Gesellschaft ist leider noch viel zu gering. Hier kann man sich streiten, warum das so ist. Unstrittig ist hingegen, dass die Aufklärung der Bevölkerung, aber auch der Betroffenen, nicht ausreichend ist. Dass hier etwas geschehen muss, zeigen ebenfalls die ständig steigenden diagnostizierten psychischen Erkrankungen.

3.2 Der Neurologe

Dieser behandelt oftmals sekundär psychische Beschwerden. Der Neurologe hat an sich nichts mit dem seelischen Befinden der Patienten zu tun. Ihn interessieren primär die Leitfähigkeit der einzelnen Nerven. Ein Patient mit Gefühlsstörungen in den Extremitäten wird sicherlich einen Neurologen aufsuchen. Ebenso werden die Menschen, die einen Schlaganfall erlitten haben, in dem Krankenhaus beziehungsweise in der Rehabilitation auf Neurologen treffen.

3.3 Facharzt für Psychotherapie *(Studiengänge vor 1994)*

Dieser hat ebenfalls neben dem abgeschlossenen Medizinstudium eine Facharztausbildung und eine Approbation *(Genehmigung zur Ausführung des Berufszweiges nach hestandcner Prüfung)* zum Psychotherapeuten. Er kann nicht nur Medikamente verschreiben, sondern mit dem Patienten eine Psychotherapie durchführen. Viele Ärzte beschränken sich aber meist auf ein Gebiet. Sie sind entweder Arzt oder Therapeut.

3.4 Der Nervenarzt

Der Nervenarzt ist ebenfalls ein studierter Mediziner mit den Facharztausbildungen zum Psychiater und Neurologen. Aus der damaligen Facharztausbildung zum Nervenarzt sind zwei Ausbildungen hervorgegangen, die zum Neurologen und die zum Psychiater.

Nun kommen wir zu den nichtmedizinischen Studiengängen.

3.5 Der Psychologe

Der Psychologe hat ein Studium in Psychologie abgeschlossen und trägt nach bestandenem Diplom die Bezeichnung Diplom Psychologe *(Dipl. Psych.)*. Mit den heutigen Studiengängen gibt es die Bezeichnung Bachelor of Science (B.Sc.) und Master of Science (M.Sc.).

Das Diplom ist hier gleichwertig mit dem Master zu sehen. Der Bachelor ist eine Mindestanforderung an den Masterstudiengang und mit einem Fachabschluss zu vergleichen. Niemand von ihnen ist allerdings berechtigt, außerhalb eines psychiatrischen Krankenhauses oder einer Institutsambulanz eigenständig Patienten zu therapieren. Zur Behandlung in einer eigenen Praxis bedarf es einer Zusatzausbildung zum psychologischen Psychotherapeuten *(Approbation)*.

Hier bekommen lediglich Akademiker mit einem Diplom oder Master in Psychologie Zugang. Der Begriff des psychologischen Psychotherapeuten ist gesetzlich geschützt und entstand aus einer Art Dilemma. Die Bezeichnung Psychologe ist nicht geschützt; zu viele Berufszweige durften sich Psychologe nennen. Diese unterschiedlichen Berufszweige waren für den Patienten sehr undurchsichtig, gefährlich und man versuchte, Abhilfe zu schaffen. Die Psychologen, die in den Krankenhäusern tätig sind, machen meist ihre Ausbildung zum psychologischen Psychotherapeuten. *(Psychologe in Ausbildung; auch PIA)* Mit Erhalt der Approbation dürfen sie sich selbständig machen und eine eigene Praxis eröffnen.

3.6 Heilpraktiker für Psychotherapie

Als Letztes möchte ich den Heilpraktiker für Psychotherapie aufführen. Dieser bedarf keines Studiums, lediglich eine Prüfung vor dem Amtsarzt. Der Heilpraktiker ist selbständig in der Lage, körperliche und psychische Diagnosen zu stellen. Die Abrechnung über die gesetzlichen Krankenkassen ist zurzeit aber nur mit einer Zusatzversicherung möglich.

3.7 Kurzübersicht

Therapeutische Tätigkeiten	Ärztlich tätig
Diplom Psychologe *Besonderheit:* ➢ *Tätig im Klinikbereich bzw. in psychiatrischen Institutsambulanzen*	Hausarzt/Allgemeinmediziner *Besonderheit:* ➢ *Erste Anlaufstelle bei Problemen* ➢ *Kurzfristige Termine möglich*
Psychologe B.Sc. *Besonderheit:* ➢ *Siehe Diplom Psychologe* ➢ *Ähnlich Fachabschluss* ➢ *Mindestanforderung für Masterstudiengang*	Neurologe: *Besonderheit:* ➢ *Facharzt* ➢ *Schwerpunkt Leitfähigkeit von Nerven* ➢ *Die meisten Neurologen übernehmen Tätigkeiten des Psychiaters* ➢ *Terminvergabe problematisch*

Therapeutische Tätigkeiten	Ärztlich tätig
Psychologischer Psychotherapeut *Besonderheit:* ➢ *Nach Masterabschluss bzw. Diplom anschließende Ausbildung mit Approbation* ➢ *Berechtigt zur eigenständigen therapeutischen Behandlung* ➢ *Geschützter Begriff*	Nervenarzt *Besonderheit:* ➢ *Facharzt* ➢ *Kombination aus der Facharztausbildung Psychiatrie und Neurologie* ➢ *Terminvergabe problematisch*
Psychologischer Heilpraktiker (HP Psych) *Besonderheit:* ➢ *Eingeschränkte therapeutische Tätigkeit* ➢ *Nicht abrechenbar mit der Krankenkasse (außer mit Zusatzversicherung)* ➢ *Kein Psychologiestudium* ➢ *Keine Approbation zum psych. Psychotherapeuten* ➢ *Abschluss vor dem Amtsarzt*	Ärztlicher Psychotherapeut/FA für Psychotherapie *Besonderheit:* ➢ *FA Studiengänge vor 1994* ➢ *Berechtigt zur ärztlichen und therapeutischen Behandlung* ➢ *Meist nur in einem Bereich tätig* ➢ *Terminvergabe problematisch*

4.0 Wie entsteht eine Depression?

Grundsätzlich ist die Entstehung einer Depression noch nicht zu 100% erforscht. Die letzten Jahrzehnte haben sich aber zwei Hypothesen verfestigt. Man geht davon aus, dass die Entstehung endogen sowie exogen ist. Endogen wäre unter anderem die Stoffwechselerkrankung im Gehirn, zum Beispiel das Fehlen oder die Fehlregulation bestimmter Hormone. Exogen sind zum Beispiel kritische Lebensereignisse, anerzogene und dysfunktionale (ungünstige) Denkmuster beziehungsweise Denkstile. Doch was können wir darunter verstehen? Uns wird meist schon in jungen Jahren oft ein genauer Weg für das Erreichen eines Zieles vorgezeigt. Aber muss dieser denn der Richtige **für uns** sein?

Viele Wege führen nach Rom!

Wir können uns dieses Denkmuster wie folgt vorstellen:

Das Denkmuster ist ein Pfad, den wir immer wieder langgehen, obwohl wir wissen, dass wir an einer bestimmten Stelle stolpern werden. Doch wir kennen keinen alternativen Weg.

Wenn wir jetzt versuchen, das Denkmuster zu ändern, weil wir zu oft auf die Nase gefallen sind, müssen wir den Weg verlassen, um einen neuen zu ebnen. Das Ziel bleibt dabei das Gleiche. Zunächst werden wir durch das hohe Gestrüpp, welches abseits des Weges wächst, noch aufgehalten. Beim ersten Mal treten wir es platt. Das geht so weit, bis dort kein Gras mehr wächst und sich ein neuer Pfad gebildet hat. Dieser Vorgang lässt sich medizinisch im Gehirn sogar nachweisen. Es verbinden sich nach und nach zwei Synapsen miteinander, während eine bestehende Verbindung tatsächlich verkümmert. Es ist leider vorab nicht abzusehen, welche diese ist.

Eine depressive Störung bildet sich auch bei einem Wegbrechen eines wichtigen Lebenspfeilers. Wird zum Beispiel durch eine Beförderung auf der Arbeit die Zeit mit der eigenen Familie knapp, oder man wird in der Ausübung seines Hobbys eingeschränkt, kann das auf Dauer sehr belastend sein. Die Balance zwischen der Arbeit und dem privaten Leben geht verloren. Man spricht hier auch gerne von der Work – Life Balance.

Unweigerlich landet man hier sehr schnell in der sogenannten Depressionsspirale. Die Anfälligkeit hierfür ist äußerst unterschiedlich. Das, was den einen extrem stresst, kann den anderen wiederum völlig kalt lassen. Auch der genetische Faktor kann dabei eine entscheidende Rolle spielen.

Die Spirale lässt sich gut wie folgt darstellen:

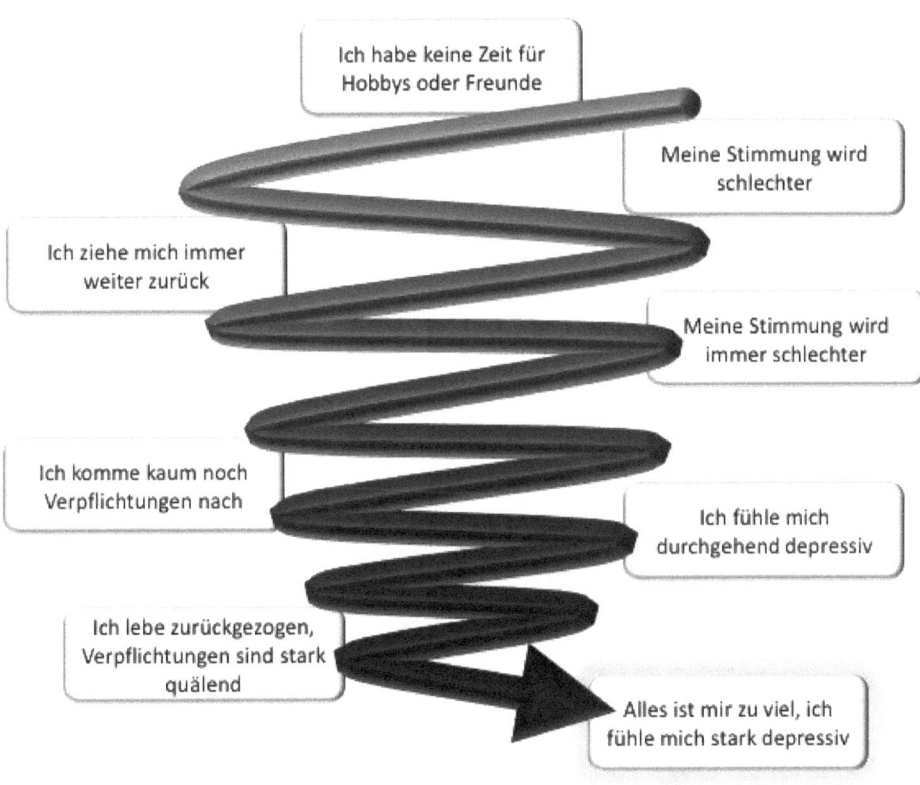

Ich habe keine Zeit für Hobbys oder Freunde

Meine Stimmung wird schlechter

Ich ziehe mich immer weiter zurück

Meine Stimmung wird immer schlechter

Ich komme kaum noch Verpflichtungen nach

Ich fühle mich durchgehend depressiv

Ich lebe zurückgezogen, Verpflichtungen sind stark quälend

Alles ist mir zu viel, ich fühle mich stark depressiv

Zur Depressionsspirale gibt es entsprechend eine Anti-Depressionsspirale. Diese stellt eine Richtlinie dar, wie man am leichtesten aus einer Abwärtsspirale wieder herauskommt.

Das Ganze hat leider nur einen gewaltigen Haken. Das alles ist blanke Theorie. Und wie so oft sieht es theoretisch sehr viel einfacher aus.

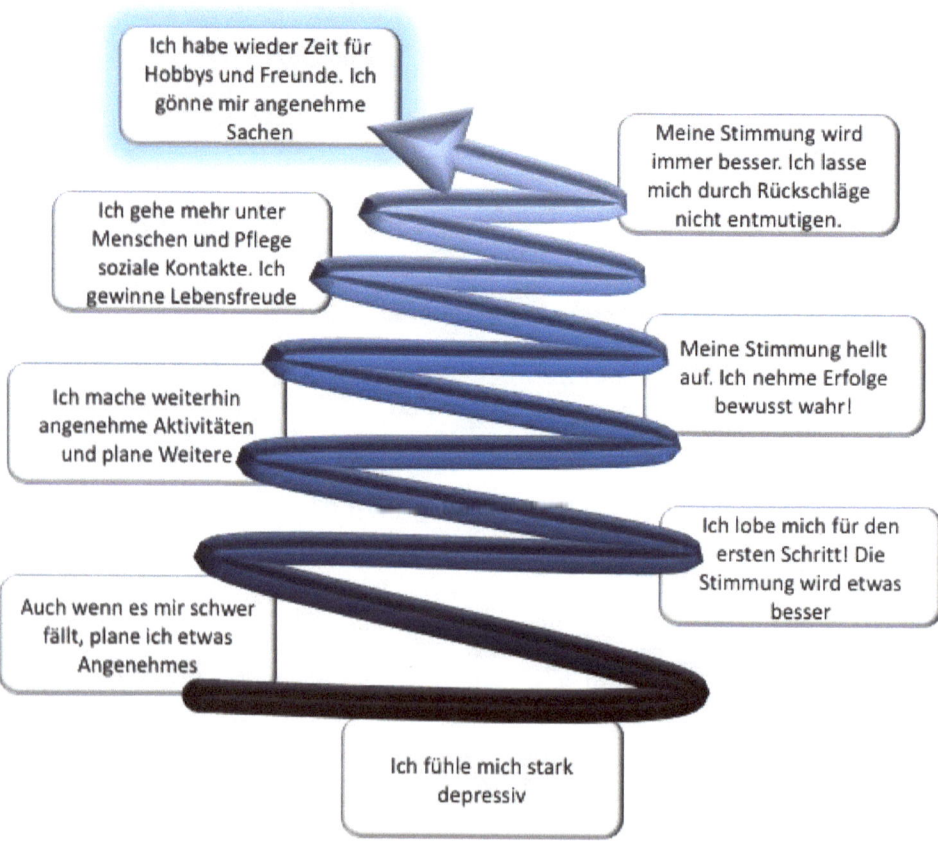

Die Entstehung einer Depression neurobiologisch *(Aufbau des Nervensystems)* zu betrachten ist auch nicht einfach. Obwohl wir uns im 21. Jahrhundert befinden, befindet sich die Neurobiologie bei weitem nicht mehr in den Kinderschuhen, aber die Entstehung der psychischen Krankheiten ist noch nicht gänzlich erforscht. Sicher aber ist, dass das in den Nebennieren produzierte Cortisol, das sogenannte Stresshormon, eine Hauptrolle spielt. Das Cortisol aktiviert den Stoffwechsel, um in Stresssituationen wichtige Energien im Organismus freisetzen zu können. Angefordert und

Hirnanhangsdrüse (Hypophyse)   Hypothalamus

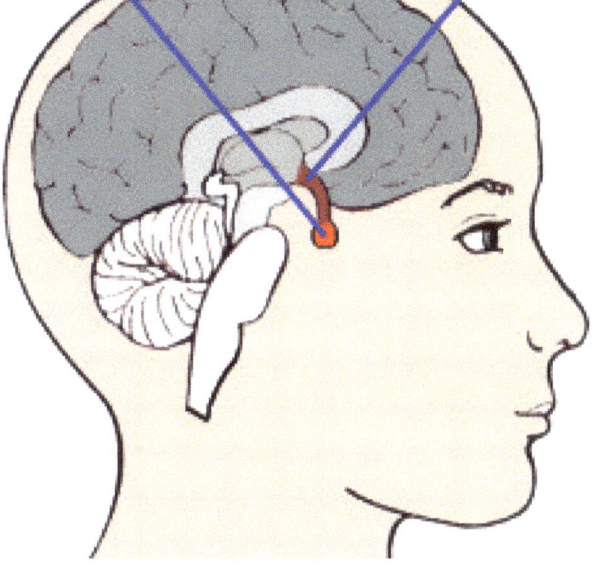

Quelle: med4you.at

reguliert wird das Cortisol von zwei Teilen unseres Gehirns: dem Hypothalamus und der Hypophyse. (Hirnanhangsdrüse)

Durch übermäßigen Stress wird dieses Zusammenspiel jedoch gestört. Der Körper steht ständig unter „Strom"; er wappnet sich kontinuierlich gegen drohende Gefahren und ist in höchster Alarmbereitschaft. Es entsteht eine hohe physische Anspannung, zudem können die ersten psychosomatischen *(körperlich durch die Seele bedingte)* Beschwerden entstehen. Häufig geschieht dieses im Magen-Darm-Bereich. Ist der Stress überdies noch chronisch geworden, kann es sein, dass die Nebennieren erschöpfen und nicht mehr in der Lage sind, genügend Cortisol zu produzieren.

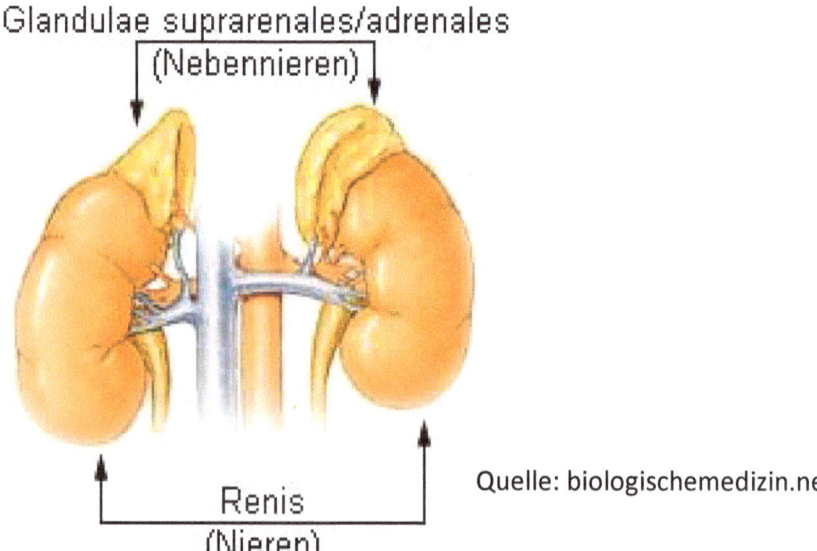

Glandulae suprarenales/adrenales
(Nebennieren)

Renis
(Nieren)

Quelle: biologischemedizin.net

Das hat zur Folge, dass der Mensch vermehrt müde und erschöpft ist; außerdem kommt er in der Regel schwer in die Gänge. Wenn Ihnen das alles irgendwie bekannt vorkommt, haben Sie wahrscheinlich Recht. Auch durch andere Dysfunktionen (Fehlfunktionen) können solche Symptome entstehen.

Ein nicht richtig eingestellter Blutzuckerspiegel sowie eine Erkrankung der Schilddrüse können ebenfalls Symptome einer Depression auslösen. Das liegt an der engen Zusammenarbeit der drei entsprechenden Organe, nämlich der Bauchspeicheldrüse, der Schilddrüse und der Nebenniere. Wundern Sie sich also bitte nicht, wenn bei der Abklärung einer eventuell bestehenden Depression auf einmal auch die Schilddrüse untersucht wird. Ihr behandelnder Arzt wird Sie in der Regel darüber aufklären.

5. Die verschiedenen Arten der Depression

Die Depression kann man in verschiedenen Arten unterteilen. Sie entsprechen in der Regel dem aktuellen ICD 10. ICD 10 ist die aus dem Englischen übersetzte Abkürzung für die „Internationale statistische Klassifikation der Krankheiten und verwandter Gesundheitsprobleme in der zehnten Ausgabe", dem Verschlüsselungscode der Ärzte und Krankenkassen.

5.1 Die Major Depression

Eine typische Depression wird auch Major Depression genannt. Oftmals sind gerade Begriffe aus dem Psychologischen veraltet, jedoch noch umgangssprachlich weit verbreitet.

Generell ist ein Krankheitsverlauf in Phasen anzunehmen. In vielen Fällen ereignet sich vor einer typischen Depression ein negatives Erlebnis, sei es der Verlust eines Menschen durch Tod, Scheidung oder aber schwere finanzielle Sorgen.

Bekannt als Auslöser sind auch:

> * *Abhängigkeit von Medikamenten/Drogen*
> * *chronische Erkrankungen*

- ➤ *Alkoholsucht*
- ➤ *Schmerzen*

Tritt eine Major Depression auf, kann es zu einem wiederkehrenden Verlauf kommen. In diesem Fall spricht man von einer rezidivierenden Episode. Diese wird im Schweregrade unterteilt:

- ➤ *Schwere Episode*
- ➤ *Mittelgradige Episode*
- ➤ *Leichte Episode*

5.2 Dysthymia

Eine weitere Form der Depression ist die Dysthymia – die neurotische Depression.

Sie ist eine krankhafte Neigung zu traurigen Stimmungen und stellt eine Unterform einer chronischen Depression dar. Sie hat in der Regel einen nicht so schweren Verlauf, hält dafür wesentlich länger an. Zudem ist sie sehr hartnäckig und lässt sich schwer erkennen. Der Hang zu Traurigkeit und Schwermut wird oft als Charaktereigenschaft ausgelegt. Der Krankheitsverlauf kann viele Jahre andauern. Gibt es während dieser Zeit noch zusätzliche depressive Einbrüche, rezidivierende Episoden, spricht man von einer Double Depression.

Hier wird vorgeschlagen, die Dysthymia zu behandeln. Auffällig ist hierbei die häufige Nennung von Hoffnungslosigkeit und Sinnlosigkeit vonseiten der Patienten. Trotz des leichteren Verlaufes einer Dysthymia lässt sie sich nicht so gut behandeln wie eine schwere Depression. Das hat die Auswirkung, dass Patienten oft verzweifeln und resignieren. Sie halten sich selbst für nicht behandelbar und therapieresistent. Meist können sie ihren Alltag mehr schlecht als recht bewältigen. Die Zeit für Erholung und Entspannung geht fast vollständig verloren. Es besteht hier tatsächlich die Gefahr einer Therapieresistenz; so wird in diesen Fällen vom behandelnden Arzt oft zu einem zusätzlichen Medikament gegriffen, um eine Stimmungsstabilisierung zu erreichen, beziehungsweise die Wirkung des Antidepressivums zu verstärken.

5.3 Die bipolare Störung

Eine weitere sehr schwere Form der Depression ist die sogenannte bipolare Störung, in der Vergangenheit auch manisch-depressiv genannt. Die Folge einer bipolaren Störung sind verhältnismäßig viele Suizidversuche. Der Patient kennt depressive Phasen, sowie Phasen in denen er sehr aufgedreht ist und vor Energie nur so sprüht, die manischen Phasen. Man könnte meinen, diese Seite sei doch positiv für den Patienten, doch das Gegenteil ist der Fall. In den manischen Phasen ist es kaum noch möglich, Verhaltensweisen und Taten richtig abzuwägen. Die Betroffenen haben kein Gefühl mehr für die Konsequenzen, die aus ihren Taten resultieren. Patienten, die sich in der Manie befinden, neigen oft dazu unüberlegt große finanzielle Anschaffungen zu tätigen. Meist ergeben sich weitere Probleme. Daher macht es bei starken Krankheitsverläufen durchaus Sinn, sich vollstationär behandeln zu lassen. Voraussetzung dafür ist, dass sich der Patient darauf einlässt, denn in der Regel hat er keine Krankheitseinsicht. Typische Symptome während einer manischen Phase sind beispielsweise:

➢ *Der Betroffene spricht verhältnismäßig viel*

➢ *Er hat äußerst sprunghafte Gedanken*

➢ *Das Bedürfnis nach Schlaf lässt stark nach*

➢ *der Betroffene überschätzt sich selbst*

➢ *es kommt zu einer großen Unternehmungslust, wobei finanzielle und gefährliche Tätigkeiten bevorzugt werden.*

➢ *der Betroffene ist häufig abgelenkt und sehr zerstreut*

➢ *die Aktivitäten der Betroffenen nehmen in vielen Bereichen extrem zu. Diese Bereiche umfassen in erster Linie:*

➢ *Sexuelle Aktivitäten*

➢ *finanzielle Themen*

➢ *Themen rund um den Beruf*

5.4 Die symptomatische Depression

Die symptomatische Depression entsteht durch eine schwere, meist unheilbare Erkrankung.

Die häufigsten Krankheiten sind hier:

> *Aids*
> *Stoffwechselerkrankungen*
> *Krebserkrankungen*
> *Schlaganfall*
> *Störungen im Hormonhaushalt*

5.5 Der Winterblues

Die Winterdepression, von Fachleuten auch saisonal abhängige Depression (SAD) genannt, ist ein typisches Phänomen der nördlichen Hemisphäre. Gerade in den skandinavischen Ländern ist sie noch mehr verbreitet als in Deutschland. Die Symptome sind gleich wie bei einer normalen Depression, meist aber in einer geringeren Intensität. Zudem bekommen Betroffene in dieser Zeit öfters einen gesteigerten Appetit, der zu einer Gewichtszunahme führen kann.

Außerdem sind die Patienten nachweislich anfälliger für andere körperlichen Erkrankungen. Als Ursache wird der Mangel an natürlichem Tageslicht genannt. Ebenso spielt die niedrigere Temperatur eine nicht unerhebliche Rolle. Es fehlt den meisten Menschen der sogenannte Wohlfühlfaktor. Bei empfindlichen Personen führt der Mangel an Tageslicht zu einer Fehlfunktion der Zirbeldrüse im Gehirn. Diese steuert durch das Hormon Melatonin die Funktion des Schlaf-Wach-Rhythmus. Ein erhöhter Melatonin-Spiegel beeinflusst den Serotoninspiegel. Ein zu niedriger Spiegel dieses Hormons kann ebenfalls zu einer Depression führen. Bei einer diagnostizierten Winterdepression raten viele Fachleute zu einer sogenannten Lichttherapie und viel Bewegung. Sollte das nicht ausreichend sein, sollte erst dann die „Chemiekeule" eingesetzt werden.

Bei einer Lichttherapie sitzt der Patient vor einer Speziallampe, die eine 10fach stärkere Lichtintensivität aufweist als eine herkömmliche Zimmerlampe *(gemessen in der Einheit Lux)*.

Ein weit verbreiteter Irrglaube ist der Nutzen eines Solariums. Das benötigte Licht muss durch die Netzhaut aufgenommen werden, was bei einem Besuch auf der Sonnenbank nicht möglich ist.

5.6 Die zyklothyme Störung

Die zyklothyme Störung ist eine über Jahre hinweg stark schwankende Stimmungsschwankung. Der Betroffene hat abwechselnd eine sehr gute Stimmungslage und anschließend eine depressive Episode. Die zyklothyme Störung ist zu vergleichen mit der bipolaren Störung, allerdings in einer viel geringeren Intensität. Meist merkt der Betroffene nicht einmal etwas von seiner Erkrankung. Am ehesten bemerken es ihm nahestehende Personen, die die betroffene Person erst darauf aufmerksam machen. Diese Depression wird konventionell mit Psychotherapie und/oder Medikamenten behandelt. Trotzdem wird die Zyklothymia meist nicht behandelt, da die Erkrankten keine direkte Einschränkung wahrnehmen.

5.7 Die psychotische Depression

Während einer psychotischen Depression treten neben der depressiven Episode noch zusätzliche Wahnvorstellungen/Halluzinationen des Patienten auf.

Häufige Wahnvorstellungen sind:

> *Verarmungswahn*

> *Verkleinerungswahn (der Patient denkt, er würde körperlich schrumpfen)*

> ➤ *Versündigungswahn*

> ➤ *Verschuldungswahn*

Die depressiven Episoden dauern bei der psychotischen Depression länger an, und die Rückfallquote ist wesentlich höher.

Diese Depression wird mit einem Antidepressivum sowie zusätzlich einem Antipsychotikum behandelt.

5.8 Die postnatale Depression (Wochenbettdepression)

Die postnatale Depression (auch postpartale), ist eine Depression, die nach der Entbindung eines Kindes bei der Mutter auftritt. Häufiges Symptom ist die Stimmungsschwankung.

Eine Behandlung ist insbesondere durch den Stillvorgang der Mutter erschwert, da die meisten Medikamente auch über die Muttermilch abgegeben werden. Auf die Möglichkeit der Selbst- und Kindesversorgung muss hier von Therapeuten und Ärzten bedacht werden. Oft wird in dieser Zeit bei der Mutter zu wenig von dem Hormon Oxytocin *(auch bekannt unter Liebes-Hormon)* gebildet. Dieser Botenstoff ist auf der Verhaltensebene für die Mutter-Kind-Bindung zuständig. Schon beim Schreien des eigenen Nachwuchses ist eine Ausschüttung des Hormons messbar.

Bedauerlicherweise leiden Menschen, deren Mütter unter einer postnatalen Depression litten, später häufig selbst an einer psychischen Störung.

Ebenfalls können auch Väter von einer postnatalen Depression betroffen sein. Allerdings ist diese nicht auf den Mangel des Liebeshormons zurückzuführen. Als Auslöser ist hier der gestörte Schlaf-Wach-Rhythmus zu nennen.

Das Oxytocin wird auch zur Einleitung der Geburt verwendet. Es bewirkt Kontraktionen der Gebärmutter.

6. Burnout-Syndrom

Es gibt ein Thema, dem ich ein eigenständiges Kapitel widmen möchte. „Ich habe einen Burnout", hört man inzwischen in vielen Berufszweigen. Dieses Ausgebrannt- sein ist ein Zustand emotionaler Erschöpfung, wobei die Leistungsfähigkeit stark eingeschränkt ist. Wissenschaftlich gesehen ist ein Burnout keine Krankheit und wird als Problem mit der Lebensbewältigung eingestuft. Therapeutisch gesehen ist dieses Syndrom nichts anderes als ein Teil, ein Symptom einer Depression. Doch leider ist das böse D-Wort in unserer Gesellschaft so verpönt, dass man anstatt von einer Depression von einem Burnout spricht. Dieses Wort klingt viel besser; es ist ein englischer Begriff. Die vollstationäre Behandlung findet ebenfalls wie bei einer Depression in einem psychiatrischen bzw. psychosomatischen Krankenhaus statt. Ambulant werden die Patienten ebenfalls von einem Psychotherapeuten/Psychiater behandelt.

Doch wie entsteht so ein Ausgebrannt sein eigentlich? Zuzuschreiben ist dieses Syndrom wohl der heutigen Schnelllebigkeit der Gesellschaft. Von uns wird immer mehr in immer weniger Zeit abverlangt. Die eigenen emotionalen und physischen Ressourcen werden meist vollkommen dem Beruf zugeschrieben.

Die Balance zwischen Arbeit und Privatleben (Work-Life-Balance) gerät aus dem Gleichgewicht. Auch eine Überlastung am Arbeitsplatz aufgrund von zu wenig Kompetenz kann zu einem Burnout führen.

Da der volkswirtschaftliche Schaden immens ist, setzen immer mehr Unternehmen auf Prävention. So gibt es inzwischen in vielen Berufsgenossenschaften Seminare, an denen Mitarbeiter geschult werden, psychisch belastende Tätigkeiten ausfindig zu machen und dem Unternehmen mitzuteilen.

Erklärung des Burnout-Syndroms

Ressourcen „Energiequellen"

Anforderungen „Energieverbrauch"

- Wertschätzung der Arbeit/Person
- gute Zugehörigkeit (Teamarbeit)
- Erfolgserlebnisse und Feedback
- eigene Gestaltungsmöglichkeiten, Kreativität
- persönliches Wachstum

- Aufmerksamkeit und Konzentration unter Zeitdruck
- Emotional belastende Situationen
- Zunehmend Komplexität und steigende Ansprüche

angelehnt an die Erklärung von A. Bakker

Notwendige Kompetenzen
- Selbststeuerung und Volition
- Umsetzungskompetenz
- Selbstmanagement

Die unten dargestellte Grafik, angelehnt an die These von Arnold Bakker, (Professor für Arbeits-und Organisationspsychologie) stellt die einzelnen Faktoren zum möglichen Entstehen eines Burnouts dar.

7. Kostenerstattungsverfahren

Durch die Approbation zum psychologischen Psychotherapeuten hat man als Psychotherapeut von staatlicher Seite die Genehmigung, Patienten psychotherapeutisch zu behandeln. Um die Behandlung über die gesetzlichen Krankenkassen abrechnen zu können, benötigt der psychologische Psychotherapeut jedoch eine Kassenzulassung. Voraussetzung für die Abrechnung einer Psychotherapie ist demnach nicht nur die Approbation, sondern auch die Kassenzulassung des Psychotherapeuten. Kassenzulassungen werden streng kontrolliert vergeben und richten sich nach einer "Bedarfsplanung". Eine Folge dieser Begrenzung ist, dass es zu wenige Kassenzulassungen gibt und somit lange Wartezeiten für Patienten auf einen Behandlungsplatz bestehen. Da diese langen Wartezeiten (bis zu einem Jahr) den Patienten nicht in jedem Fall zumutbar sind, erlaubt der Gesetzgeber das Kostenerstattungsverfahren nach § 13 Absatz 3 des fünften Sozialgesetzbuches (SGB V). Das Kostenerstattungsverfahren ermöglicht im Zuge der Unterversorgung eine zeitnahe psychotherapeutische Behandlung bei **gleicher** Qualifikation der Psychotherapeuten. Das bedeutet, dass Ihre Krankenkasse nach Antrag prüft, ob die Behandlung auch von Psychotherapeuten übernommen werden kann, die nicht direkt mit den Krankenkassen abrechnen können. Bitte lassen Sie sich von niemandem erzählen, dass ein psychologischer Psychotherapeut ohne Kassensitz kein richtiger oder gar minderqualifizierter Therapeut ist. Ich würde das Gegenteil behaupten. Diese Therapeuten haben wahrscheinlich gerade ihre Approbation erhalten und verfügen über die neusten wissenschaftlichen Erkenntnisse, Motivation und Ehrgeiz, welche bei schon über Jahrzehnte tätigen Therapeuten leider oft verloren gegangen ist.

Rufen Sie in ihrer Nähe mehrere Psychotherapeuten (mindestens fünf) an, die ihnen von Ihrer Krankenversicherung und/oder der Kassenärztlichen Vereinigung genannt werden. Lassen Sie sich von ihnen bestätigen, dass Sie aufgrund mangelnder Kapazitäten in nächster Zeit (innerhalb von sechs Wochen) keine Psychotherapie beginnen können. Achten Sie bitte auch darauf, dass man Ihnen nicht lediglich ein Termin für ein Erstgespräch anbietet.

Fragen Sie in diesem Fall immer nach dem möglichen Beginn der Therapie. Lassen Sie sich das entweder schriftlich bestätigen oder dokumentieren Sie die Telefonate (Notizen über Datum, Uhrzeit und Ergebnis der Telefonate).

Psychotherapeuten sind leider schwer erreichbar und haben oft nur einmal pro Woche eine telefonische Sprechstunde von einer Stunde. Nutzen Sie ruhig die Möglichkeit der E-Mail.

Hier können Sie bereits **kurz** Ihre Symptome schildern. Bitten Sie auch um eine kurze Rückinformation. Das hat den Vorteil, dass Sie gleich über eine schriftliche Dokumentation Ihrer Bemühungen verfügen. Bei fünf erfolglosen Anbahnungsversuchen einer Psychotherapie innerhalb einer Frist von sechs bis acht Wochen und in angemessener Entfernung haben Sie Anspruch auf Kostenerstattung einer außervertraglichen Psychotherapie. Achten Sie hierbei auf die von ihrem Arzt empfohlene Therapierichtung. Auch wenn die Krankenkassen Ihnen sagen, Sie sollen auch bei Therapeuten mit einer anderen Therapierichtung anrufen, so teilen Sie es dem Therapeuten mit und bekommen in der Regel die nächste Absage.

Des Weiteren benötigen Sie eine Dringlichkeitsbescheinigung. Dies erfordert einen Besuch bei einem Psychiater/Nervenarzt. Eine vom Hausarzt ausgestellte Bescheinigung kann einen Besuch bei einem Gutachter des Medizinischen Dienstes der Krankenkassen nach sich ziehen. (MDK)

Bitten Sie Ihren Facharzt darum, dass er Ihnen in einer kurzen schriftlichen Stellungnahme die Notwendigkeit/Dringlichkeit einer psychotherapeutischen Behandlung bescheinigt. Da den Ärzten das Problem der Therapieplätze bekannt ist, werden diese ihnen auch ohne weitere Nachfragen in der Regel eine solche Bescheinigung ausstellen. Wenn alle Unterlagen beisammen sind, stellt der Therapeut für Sie einen formlosen schriftlichen „Antrag auf Kostenerstattung für Psychotherapie".

Die Therapie beginnt dann, wenn eine Zusage der Krankenkasse vorliegt. Es kann durchaus sein, dass die Krankenkasse ohne Umschweife fünf probatorischen Sitzungen zustimmt, um etwas mehr Zeit zu haben, den eigentlichen Antrag vom medizinischen Dienst der Krankenkassen (MDK) prüfen zu lassen. Die probatorischen Sitzungen könnte man auch »Schnupperstunden« nennen. Diese dienen dem Kennenlernen zwischen Patient und Therapeut. Der MDK überprüft unabhängig im Auftrag der Krankenkasse, Anträge von Ärzten und Therapeuten für kostspielige Therapien und/oder Behandlungen. Hierfür werden Berichte von Ärzten in anonymer Form, ohne Name und Geschlecht, geprüft und begutachtet. Unser Gesetzgeber trägt Schuld an der meines Erachtens nicht tragbaren Situation mit den Kassenzulassungen für psychologische Psychotherapeuten. Einige Gesetzesänderungen liegen aktuell im Bundestag. Ob diese aber langfristig die Situation entschärfen können, ist fraglich.

8. Zugelassene Therapieformen in Deutschland

In Deutschland gibt es drei zugelassene Therapieformen für die Einzeltherapie: tiefenfundierte Psychotherapie, analytische Psychotherapie und die Verhaltenstherapie.

Diese unterscheiden sich nochmals in der verwendeten Methodik. Die älteste Therapieform ist hierbei die analytische Psychotherapie, die maßgeblich von Sigmund Freud und C.G. Jung geprägt und entwickelt wurde.

Was aus rechtlicher Sicht in Deutschland eine Psychotherapie ist, geht aus dem Psychotherapeutengesetz und den Psychotherapierichtlinien hervor. Der volle Name des Gesetzes, lautet: Gesetz über die Berufe des psychologischen Psychotherapeuten und des Kinder- und Jugendpsychotherapeuten. Kurz PsychThG. Es trat 1999 in Kraft. Wie im Gesetzeswirrwarr der Bundesrepublik üblich, bezieht sich das PsychThG auch auf das Sozialgesetzbuch (SGB), aus dem weitere Vorschriften hervorgehen.

8.1 Die analytische Psychotherapie

Die analytische Psychotherapie ist eine sogenannte Langzeittherapie, bei der gerade am Anfang mehrere Sitzungen in der Woche stattfinden können. Wie oft in vielen Filmen zu sehen, liegt oder sitzt der Patient außerhalb der Sichtweite des Therapeuten. Die von den Krankenkassen genehmigte Zeitdauer liegt hierbei zwischen 80 und maximal 300 Stunden.

Gerade wenn der Patient an „sich selbst leidet" oder sich dauerhaft keine Lebenszufriedenheit einstellt, ist eine analytische Therapie indiziert, ebenfalls bei neurotischen Störungen. Die analytische Therapie greift ungelöste und unbewusste Konflikte aus der Kindheit auf.

Nach der Theorie von Sigmund Freud durchläuft die Entwicklung des Kindes in verschiedenen Phasen ab. In jeder Phase steht ein anderer Prozess (ein Konflikt) im Vordergrund. Im ersten Jahr befindet sich der Säugling in der Oralen Phase in der die Entwicklung des Urvertrauens im Vordergrund steht. Das Kind vertraut auf die Mutter, dass diese es ernährt. Ein weiteres Beispiel wäre die Phase vom 3.-5. Lebensjahr, die Freud die Phallisch-ödipale Phase nannte. In dieser Zeit sieht sich das Kind damit konfrontiert zu lernen, dass die Liebe zwischen Vater und Mutter eine andere ist, als die zwischen Eltern und Kind.

S. Freud ging in seiner Lehre davon aus, dass sobald ein Konflikt (Prozess) nicht hinreichend gelöst wurde, es im erwachsenen Alter zu einer Störung in der psychischen Gesundheit kommen kann. Die Lehre der Psychoanalyse nach S. Freud füllt viele sehr interessante Bücher und kann hier leider nur grob dargestellt werden.

8.2 Tiefenfundierte Psychotherapie

Die tiefenfundierte Psychotherapie bezieht sich auf bewusstseinsnahe Konflikte. Sie hat in meist ein Stundenkontingent zwischen 25 und maximal 120 Stunden. Die Sitzungen dauern ein bis zwei Stunden pro Woche.

Bei der tiefenfundierten Psychotherapie sitzt der Patient in der Regel Angesicht zu Angesicht mit dem Therapeuten. Sie ist eine Weiterentwicklung von Siegmund Freuds analytischen Psychotherapie und wurde erstmals in den 60iger Jahren des letzten Jahrtausends zugelassen. Man geht davon aus, dass unverstandene und unbewusste Wünsche, Konflikte oder Motive, meist aus der Vergangenheit, direkt auf die psychische Gesundheit des Patienten einwirken.

8.3 Verhaltenstherapie

In den letzten Jahrzehnten ist die Verhaltenstherapie stark in den Fokus gerückt. Interessant ist sie vor allem, weil sie schnell wirksam ist und von den möglichen Symptomen befreit, beziehungsweise schnell lindert. Charakteristisch für die Therapie ist die Konzentration auf gegenwärtige Handlungsursachen, anstatt auf die

Vergangenheit zu schauen. In der Verhaltenstherapie geht man davon aus, dass jede angelernte, gegebenenfalls krankmachende Verhaltensweise auch wieder verlernt bzw. umgelernt werden kann. Abnormes Verhalten wird somit als direkte Folge mangelhafter oder falscher Lernprozesse betrachtet. In der Verhaltenstherapie finden sich viele praktische Erfahrungen aus psychologischen Experimenten wieder.

8.3.1 Kognitive Verhaltenstherapie

Wie auch in den anderen Therapieformen gibt es bei der Verhaltenstherapie verschiedene Richtungen. Als eine der wichtigsten wird hier die kognitive Verhaltenstherapie zu nennen sein. Kognitive bezeichnet hierbei Funktionen des Menschen, die mit Wahrnehmung, Lernen, Erinnern und Denken, also der menschlichen Erkenntnis- und Informationsverarbeitung, in Zusammenhang stehen. Da Gedanken, Gefühle und Verhalten in unmittelbarer Wechselwirkung stehen, werden die kognitiven Aspekte in der Therapie vordergründig betrachtet. Ein sehr bekanntes Modell der kognitiven Verhaltenstherapie hat der Psychologe Beck entwickelt. Er geht davon aus, dass Depressionen und Ängste aufgrund fehlerhafter Informationsverarbeitung entstehen, was nichts anderes heißt, dass trotz entgegenstehender Erfahrung ein anderes Denkschema aufrechterhalten wird.

Hier spricht man von dysfunktionalen Denkschemata. Um das Modell etwas zu veranschaulichen, hier ein paar Beispiele:

8.3.2 Übergeneralisierung

Aufgrund einiger Misserfolge wird pauschal behauptet, dass ab sofort immer mit einem Scheitern zu rechnen ist. „Ich habe einmal versagt, somit werde ich ab sofort immer versagen. Ich bin ein Versager."

8.3.3 Willkürliche Schlussfolgerungen

Mein Nachbar hat mich heute Morgen nicht gegrüßt. Er mag mich nicht mehr und wird von nun an nie mehr mit mir sprechen.

8.3.4 Maximierung und Minimierung

Negatives wird überbewertet und Positives wird kaum beachtet bzw. ignoriert.

Herr X veranstaltet in seinem Heimkino regelmäßige Filmeabende mit Freunden. In der Regel gelingt ihm das sehr gut, und die Gäste freuen sich jedes Mal auf diese Abende. Das letzte Mal war es anderes. Es ging wirklich einiges schief. Die Auswahl der Filme war miserabel, und die selbstgemachte Pizza ist im Ofen angebrannt. Letztendlich fiel auch noch die Heizung am Abend aus.

Herr X bewertet diesen Abend über. Er sieht seine vorangegangenen Erfolge nicht und hat nur noch diesen einen Abend im Fokus.

Zu dem Modell von Beck gibt es noch weitere Denkschemata; zur Veranschaulichung der kognitiven Therapie sollten diese aber ausreichend sein.

9. Die verschiedenen Medikamente

Das Spektrum der medikamentösen Behandlung ist so groß, dass ich hier nur über die gängigsten Möglichkeiten schreiben werde.

Am Anfang einer stationären Behandlung, die aufgrund einer akuten depressiven Erkrankung beginnt, kann es sein, dass der behandelnde Arzt zuerst auf sogenannte Tranquilizer oder Neuroleptika setzt. Beides sind Medikamente, die beruhigend wirken. Dieses schafft meist schon eine Linderung der Symptome. Von antriebssteigernden Medikamenten wird oftmals abgesehen (Näheres im Kapitel Suizid).

Erfolgt der Therapiebeginn mit einem Antidepressivum, heißt es unbedingt Geduld mitbringen. Die volle Wirksamkeit des Medikaments entfaltet sich erst nach etwa vier bis sechs Wochen. Danach ist von einem plötzlichen Absetzen abzuraten, auch wenn es dem Patienten schon eine ganze Weile bessergeht. Bei einem plötzlichen Absetzen kann ein erneuter Schub einer depressiven Episode nicht ausgeschlossen werden. Sie ist sogar sehr wahrscheinlich. Viele Fachleute bezeichnen das verfrühte Absetzen auch als Generalsfehler. Grundsätzlich sollte die Einstellung auf ein Medikament und das Absetzen eines solchen Medikaments nur unter der Aufsicht eines Facharztes erfolgen. Meines Erachtens ist das wirklich Gemeine der Einnahme eines Antidepressivums die Tatsache, dass mögliche Nebenwirkungen meist sofort auftreten.

Am besten besprechen Sie schon vorab mit ihrem Arzt, welche Nebenwirkungen zu erwarten sind. Wird im Verlauf der medikamentösen Behandlung die Dosierung heraufgesetzt, bedeutet dies nicht, dass sich die Nebenwirkungen verschlimmern! In der Regel verschwinden die meisten Nebenwirkungen nach einiger Zeit. Eine der häufigsten Nebenwirkungen ist plötzlicher Heißhunger mit Gewichtszunahme. Durch Umstellung der Ernährung sowie bei regelmäßigem Sport kann sehr gut Abhilfe geschaffen werden. Sollte es gar nicht funktionieren, sprechen Sie mit Ihrem Arzt. Er sieht oft nur den Nutzen des Medikaments, nicht aber die Kosten, die der Patient durch seine Gewichtszunahme zu tragen hat. Was nützt mir ein Medikament, welches mich dick macht und somit mein Selbstwertgefühl verringert. Leider wird das von den Ärzten oft nicht so gesehen, geschweige denn verstanden. Auch das Schwitzen gehört zu den Nebenwirkungen. Eine nicht unerhebliche Nebenwirkung der Medikamente kann die Beeinträchtigung der Libido (sexuelle Lust/Begehren) sein. Ebenso können bei Männern auch Potenzprobleme auftreten. Bei beiderlei Geschlecht kann es zudem zu Orgasmusproblemen kommen. In diesem Fall genieren Sie sich bitte nicht, und sprechen darüber unbedingt mit ihrem behandelnden Arzt und/oder Therapeuten. Zu den Mythen gehört, dass Antidepressiva abhängig machen. Das ist definitiv nicht so.

Anders sieht es bei den Schlaf- und Beruhigungsmitteln, den sogenannten Tranquilizern aus, die ein hohes Abhängigkeitspotenzial aufweisen.

Ein weiterer Mythus ist die Veränderung der Persönlichkeit bei der Einnahme von Antidepressiva. Viele Patienten haben Angst vor einer Persönlichkeitsänderung und leben lieber jahrelang mit einer geringen Lebensqualität durch eine unbehandelte Depression. Fakt ist, dass ein Antidepressivum die gesunden Persönlichkeitsanteile unterstützt und die krankmachenden bessert.

Die Antidepressiva werden in drei Wirkungsqualitäten unterschieden:

> *Vorwiegend dämpfend*
> *Vorwiegend depressionslösend und stimmungsaufhellend*
> *Vorwiegend aktivierende und antriebssteigernde Wirkungen*

Bei der Einstellung auf Medikamente wird von Ärzten gerne ein Schwung von Fachvokabular verwendet. Hier eine kleine Übersicht mit welchen Fachbegriffen Sie eventuell konfrontiert werden.

9.0.1 Serotonin

Hormon; Botenstoff; Neurotransmitter; Glückshormon.

Ein Mangel, aber auch ein Überschuss, steht in engem Zusammenhang mit der Entstehung von Depressionen sowie Angststörungen.

Serotonin spielt eine Rolle bei der Übertragung von Signalen im Gehirn, insbesondere in den stimmungsregulierenden Regionen unseres Gehirns.

9.0.2 Noradrenalin

Hormon; Botenstoff; Neurotransmitter; Stimmungsmacher

Ähnlich wie beim Serotonin überträgt das Noradrenalin Signale im Gehirn, beschränkt sich hier aber auf andere Areale.

9.0.3 Dopamin

Hormon; Botenstoff; Neurotransmitter; Emotionaler Botenstoff

Wirkt sich vorwiegend auf Gehirnareale aus, die mit der Emotionsentstehung und -regulierung im Zusammenhang stehen.

9.0.4 Cortisol

Stresshormon

Aktiviert Verbindungen im Körper, um beispielsweise in einem Notfall (Stresssituationen) Energiereserven freizusetzen. Dauerstress führt zu einem erhöhten Cortisolspiegel. Dieser steht in Verbindung mit der Entstehung von Depressionen und psychosomatischen Beschwerden.

9.0.5 Neuroleptika

Antipsychotika; Psychopharmaka

Medikament zur Behandlung von vorwiegend Halluzinationen und Wahnvorstellungen bei psychischen Störungen. Die meisten wirken zudem beruhigend. Einige Neuroleptika haben zudem die Zulassung zum Einsatz bei Depressionen

9.0.6 Tranquilizer

Psychopharmaka, Beruhigungsmittel; Angstlösend

9.0.7 Benzodiazepine (umgangssprachlich auch „Benzos")

Untergruppe der Tranquilizer, welche in der Regel am häufigsten die Verwendung als Beruhigungsmittel finden.

9.0.8 Psychopharmaka

Überbegriff für auf die Psyche wirkenden Medikamente.

9.0.9 Phytopharmaka

Pflanzliche Medikamente. Einige pflanzliche Medikament können auch zur Behandlung von leichten Depressionen verwendet werden, u.a. Johanniskraut und Baldrian.

Achtung: *Bei der Einnahme von verordneten Antidepressiva sollte unbedingt von der gleichzeitigen Einnahme von pflanzlichen auf die Psyche wirkende Medikamente aufgrund einer möglichen Wechselwirkung verzichtet werden.*

9.1.0 TSH

Thyreoidea stimulierendes Hormon. Der TSH-Spiegel hat Aussagekraft über die Funktion der Schilddrüse. Ein zu niedriger, aber auch ein zu hoher TSH Wert kann die Symptomatik einer Depression hervorrufen.

9.1.1 Vitamin D3

Der Mangel von Vitamin D3 steht ebenfalls in der Verbindung mit der Entstehung von depressiver Symptomatik. Der Vitamin D3 Spiegel wird durch natürliches Sonnenlicht positiv beeinflusst (Lichttherapie).

10. Die Tagesklinik

Oft reicht es nicht mehr aus, sich krankschreiben zu lassen und eventuell auf ein Antidepressivum eingestellt zu werden. Manchmal erreicht einen eine depressive Phase sogar bei einer bereits begonnenen Psychotherapie.

Der schwarze Hund ist zu mächtig geworden. Der Alltag wird zur einer scheinbar unüberwindbaren Hürde. Eventuelle Unterstützung von Angehörigen oder Freunden reicht bzw. erreicht uns kaum noch. Der soziale Rückzug ist in vollem Gange. Einen

vollstationären Aufenthalt in ein psychiatrisches Krankenhaus möchte man in der Regel verhindern.

Die psychiatrische Tagesklinik ist eine Klinik ohne Betten, ganz nach dem gesetzlichen Grundsatz: Ambulante Behandlung vor stationärer Behandlung. Nicht zu verwechseln ist die Tagesklinik mit einer Rehabilitationseinrichtung. Das Alter der Patienten reicht von 18 bis ca. 60 Jahren. Für ältere Patienten gibt es spezielle Tageskliniken, die sich auf gerontopsychiatrische (von griech. Greis) Behandlungen spezialisiert haben. Der Grund für eine psychiatrische Erkrankung bei älteren Menschen kann andere Gründe haben als bei jüngeren Menschen. Zudem kann hier auf besondere Bedürfnisse dieser

Menschen eingegangen werden.

Die Behandlung steht jedem Patienten zu, bei dem die Therapie mit dem Psychotherapeuten und/oder die Medikation nicht ausreichend ist. Ihr Facharzt kann Sie hierzu beraten und eine ambulante Einweisung ausstellen.

Oftmals haben Ärzte die Möglichkeit, einen direkten Kontakt zu einer Tagesklinik herzustellen. Diese geben den Patienten die Möglichkeit, sich die Räumlichkeiten der Klinik in einem Vorab-Termin anzuschauen und bieten in einem Erstgespräch eine Übersicht der Behandlungsmöglichkeiten an.

Die Ziele der Tagesklinik sind vielfältig: Sie reichen von der Vermeidung eines vollstationären Aufenthaltes bis zur Nachsorge. Oftmals wird ein Fokus beim Erlernen/Wiedererlangen von Tagesstruktur und der Förderung sozialer Kompetenzen sowie Erlangen der Eigenverantwortung gesetzt.

In der Regel gibt es morgens immer eine Vorstellungsrunde, in der jeder Patient die Chance hat zu sagen, wie es ihm geht und wie es zum Beispiel am Wochenende zu Hause war. Anwesende Therapeuten erläutern den Tagesablauf. Meist entstehen kleinere Gruppen, die in verschiedenen Therapien eingeteilt sind. Die Einteilung geschieht unter Einbeziehung der behandelnden Ärzte und der Psychotherapeuten.

Es werden Gruppen angeboten wie: Kunsttherapie, Musiktherapie,

Ergotherapie, Gruppe sozialer Kompetenzen.

Natürlich sind die die ärztlichen Behandlungen und die Einzelgespräche bei einem Psychotherapeuten nicht zu vergessen.

In den letzten Jahren wurde die Arbeit des Sozialarbeiters immer wichtiger, und so verfügt eigentlich jede Tagesklinik über einen Sozialpädagogen.

Psychisch kranke Menschen haben oft Probleme mit Behörden und Ämtern, oder es soll eine Wiedereingliederungsmaßnahme begonnen werden. Hier sind die Sozialarbeiter bzw. Sozialpädagogen behilflich, sodass sich der Patient nicht mit einer weiteren Last quälen muss. Zudem kann in Zusammenarbeit mit der erkrankten Person eine Perspektive erstellt werden, wie es nach der Tagesklinik weitergehen soll.

Oft gibt es einmal pro Woche eine gemeinsame Außenaktivität, in welcher zum Beispiel Museen und andere öffentliche Einrichtungen besucht werden. In den Einrichtungen, in der ich selber war, gab es auch immer eine Backgruppe. In dieser wurde für den Freitagmittag gebacken.

Der Kostenträger ist in diesem Fall die gesetzliche oder aber die private Krankenkasse.

Aus eigener Erfahrung heraus halte ich das aktive Mitwirken des Patienten während des Aufenthalts in einer

Tagesklinik für unabdingbar. Man sollte den Aufenthalt nicht zu lange hinauszögern.

Ist z.B. bei einer Depression der soziale Rückzug zu weit fortgeschritten, kann die Integration in das Gefüge bzw. in den Ablauf der Tagesklinik sehr schwer werden.

11. Möglich Therapiegruppen in einer Tagesklinik

In den letzten Jahren bin ich mit einer Vielzahl von Therapien, welche im psychosozialem Kontext angeboten werden, in Berührung gekommen. Bei vielen war mein erster Gedanke immer bei dem möglichen Sinn dieses Angebots. Warum sollte ich zum Beispiel ein Mandala ausmalen? Wie stand das alles nur mit meiner Depression im Zusammenhang? Warum sollte ich beim Yoga die Sonne grüßen? Weshalb sollte ich bestimmte Muskelpartien anspannen und dann wieder loslassen?

War ich gar in einem Kindergarten gelandet, oder warum sollte ich aus einem Klumpen feuchten, kalten und dreckigen Ton eine Figur formen? Wenn nicht schon vor dem Klinikaufenthalt das Gefühl der Sinnlosigkeit da gewesen war, entstand bei mir dieses Gefühl spätestens bei solchen Therapien.

Auch wenn es zuerst schwerfallen wird und manchen unmöglich erscheint... Lassen Sie sich unbedingt darauf ein. Sie werden einiges über sich selbst erfahren und durchaus neue Seiten an sich entdecken.

11.1 Ergotherapie

In der Ergotherapie haben sich drei verschiedene Methoden etabliert, welche in der Regel Verwendung in der Tagesklinik finden können.

11.1.1 Kompetenzzentrierte Methode

Oftmals verlieren depressiv erkrankte Menschen ihren Glauben an ihr Talent und an ihr kreatives Geschick.

Mit oftmals handwerklichen Tätigkeiten wird versucht, die künstlerischen Potenziale der Patienten wieder- (zu entdecken). Dadurch soll erreicht werden:

➢ *die Verbesserung der Handlungsplanung und -ausführung*

➢ *strukturiertes Vorgehen und das Entwickeln von Strategien zur Problemlösung*

➢ *die Stärkung instrumenteller Fähigkeiten (z.B. Umgang mit Werkzeugen)*

11.1.2 Ausdruckszentrierte Methode

Dem Patienten sollen Möglichkeiten erschlossen werden, kreativ-gestalterische Medien als Ausdrucks- und Kommunikationsmittel zur Selbstdarstellung zu nutzen. Das sind:

➢ *die Förderung emotionaler Empfindungen und des Ausdrucks*

➢ *die Auseinandersetzung mit Emotionen, Bedürfnissen und Wünschen*

11.1.3 Interaktionelle Methode

Dieser Ansatz stellt gruppendynamische Prozesse bei einem themenbezogenen Einsatz von Therapiemitteln in den Vordergrund:

> *die Förderung der sozio-emotionalen Fähigkeiten wie Konflikt- und Kritikfähigkeit*
> *die Stärkung der Toleranz sowie der Selbst- und Fremdwahrnehmung*
> *das bewusste Erkennen und Äußern der eigenen Wünsche und Bedürfnisse*

11.2 Kunsttherapie

Das Wahrnehmen und Begreifen unserer Umwelt funktioniert über unsere Sinne. In der Kunsttherapie lässt sich unser Empfinden über die Farb- und Formqualitäten der erstellten Werke darstellen und in einem therapeutischen Setting interpretieren.

Im Vordergrund stehen u.a. die Aktivierung der Selbstheilungskräfte und kreativer Ressourcen. Es lassen sich während der Behandlung die Denkweisen des Klienten betrachten und verhaltenstherapeutisch weiterentwickeln. Oftmals lassen sich so Veränderungsprozesse durch Einsicht starten.

11.3 Musiktherapie

Musik besitzt die Fähigkeit, emotionale Reaktionen hervorzurufen oder Gefühlen Ausdruck zu verleihen. Dargestellte Emotionen können so therapeutisch betrachtet werden.

Vielleicht kennen Sie das Phänomen in bestimmten Situationen selbst, an denen Ihnen einfach die Worte fehlen um etwas ausdrücken zu können. Die Musik wird sozusagen als Visualisierung der Gefühle verwendet. Bei der Musiktherapie wird zwischen zwei Varianten unterschieden.

11.3.1 Aktive Therapie

In dieser wird selbst das Instrument gespielt und versucht mit den Tönen Emotionen zu repräsentieren. Zur aktiven Musiktherapie gehört nicht nur das Spielen von Instrumenten. Auch die verbale Auseinandersetzung mit den durch die Musik entstandenen Gedanken und Gefühle gehört dazu.

11.3.2 Passive Therapie

Hier wird mit Tonträgern gearbeitet. Dieses ist bei der Förderung der Introspektion (Selbstwahrnehmung) indiziert.

Viele der genannten Therapien können im Einzelsetting sowie in der Gruppe stattfinden.

11.4 Familienaufstellung

Kaum eine Methodik wird von Fachleuten so kontrovers diskutiert wie die Familienaufstellung, welche ihren Ursprung in der Systemischen Psychotherapie hat. In der Aufstellung geht es um das bildhafte Darstellen von Beziehungen innerhalb einer Gemeinschaft, wie z.B. der eigenen Familie. Die Systemische Psychotherapie geht davon aus, dass die eigenen Gefühle und Gedanken von Regeln und Verhaltensmustern geprägt sind,

die im Familienkontext vorkommen.

Die Entstehung einer psychischen Störung liegt demnach in meist unbewussten Konflikten, welche im Konstrukt der Familie entstehen. Diese gilt es, in einer kleinen Gruppe, inklusive des Therapeuten, aufzudecken. Einzelne Teilnehmer der Gruppe stehen stellvertretend für Mitglieder um des sich handelnden Personenkreises des Aufstellers.

Der Aufstellungsleiter (der Therapeut) konfrontiert den Aufsteller mit der bekannten Problematik und tritt mit ihm in den Disput. Hierbei kann es bereits durchaus zu starken Gefühlsausbrüchen kommen.

Die Stellvertreter werden nach Eindrücken und Empfindungen befragt, welche häufig sehr ähnlich dem der „echten" Familienmitglieder sind.

Ihr behandelnder Arzt und Therapeut werden vorab genau abwägen, ob die Familienaufstellung bei Ihnen indiziert ist.

11.5 Gruppe sozialer Kompetenzen (GSK)

In der Gruppe sozialer Kompetenzen werden Techniken der Verhaltenstherapie verwendet. Durch standardisierte Trainings sollen die zwischenmenschlichen Fähigkeiten (soziale Kompetenzen)

gefördert bzw. aufrechterhalten werden. Unterschieden wird bei den Ursachen für eine Einschränkung bei den sozialen Kompetenzen unter:

➢ *Biografischen Ursachen*
➢ *Situationsbezogenen Ursachen*

Beide sind aber als Indikator für die mögliche Bildung bzw. Erhaltung einer psychischen Störung anzusehen. Gefördert wird in den Trainings, welche in Gruppen von maximal zehn Teilnehmern und ein bis zwei Therapeuten stattfindet:

➢ *Äußern von Emotionen mit Mimik und Gestik*
➢ *Explizites Äußern von Gefühlen vor anderen / um Sympathie werben (auch flirten)*
➢ *Widersprechen, Angreifen und für sein Recht einstehen in einem Disput*

In einem Rollenspiel mit vorgegebener Thematik werden Situationen durchgespielt, welche einen hohen Anspruch an zwischenmenschlichen Fähigkeiten vorweisen.

Der Therapeut nimmt z.b. den Part eines Verkäufers ein, der sich weigert, ein defektes Elektrogerät umzutauschen, obwohl der Kunde im Recht ist.

Im anschließenden Videofeedback oder in einer Nachbesprechung mit den anwesenden Gruppenmitgliedern wird die Situation analysiert. Bewusst wird hierbei auf Kritik verzichtet.

Ziel ist es, mehrere Möglichkeiten kennenzulernen, wie man mit der Situation umgehen kann, und wie man ein zufriedenstellendes Ergebnis in dieser Situation erreicht.

Die GSK Gruppen war für mich in der Vergangenheit immer eine bevorzugte Gruppe. Ich empfinde es noch heute als ungemein hilfreich, verschiedene Möglichkeiten zu kennen, wie man in bestimmten Situationen reagieren kann. Noch spannender war es, die erlernten Kompetenzen im realen Leben zu testen und im Anschluss zu reflektieren und gegebenenfalls gedanklich zu verbessern.

11.6 Entspannungsgruppen

Es existiert eine Reihe von Entspannungsverfahren; doch drei von ihnen finden sich am häufigsten in psychischen, psychotherapeutischen und psychosomatischen Kliniken wieder.

11.6.1 Autogenes Training

Das autogene Training ist eine von Ärzten häufig empfohlene Entspannungsmethode, sobald keine organischen Auslöser für ein somatisches Beschwerdebild vorhanden sind. Leider werden Patienten immer wieder mehr oder weniger mit folgendem Satz allein gelassen: „Ihre Beschwerden sind psychosomatisch. Machen Sie autogenes Training, dann wird es Ihnen sicher bessergehen." Fakt ist jedoch, dass zwei von hundert Menschen es schaffen, autogenes Training ohne Anleitung zu erlernen. Für mich ist dieses noch heute eine Verlegenheitsdiagnose von Fachärzten. Sie geben förmlich die Verantwortung für einen Patienten an jemanden anderen weiter. Mit dieser Diagnose ist dem Patienten überhaupt nicht geholfen. Das Gegenteil trifft zu. Der Mensch, der sich mühsam Hilfe gesucht hat und teilweise viele Wochen auf einen Termin bei Facharzt gewartet hat, steht unverhofft wieder am Anfang seines Weges.

Das auf Autosuggestion, also auf die Fähigkeit der Selbstbeeinflussung des Menschen basierende Verfahren, wurde in seiner Wirksamkeit in vielen wissenschaftlichen Studien nachgewiesen.

Es wurde von dem Arzt J.H. Schultz aus der Hypnose entwickelt. Dieses Verfahren wird in einer entspannten Haltung, meist auf dem Rücken liegend in entspannter Atmosphäre ausgeführt.

Für Fortgeschrittene ist aber auch eine kurze Einheit im Sitzen möglich. Die Konzentration hierbei liegt auf den vom Therapeuten vorgetragenen formelhaften Redewendungen. Ziel ist es, das Unterbewusstsein zu trainieren und mental wünschenswerte Zustände dort zu verankern.

11.6.2 Progressive Muskelentspannung (PME)

Die von E. Jacobsen entwickelte Entspannungsmethode ist auch unter dem Begriff Progressive Muskelrelaxation bekannt. Sie setzt ihren Fokus auf die bewusste An- und Entspannung bestimmter Muskelgruppen. Diese werden vom Therapeuten bei angenehmer Musik benannt. Die Anspannung wird so lange gehalten bis der Therapeut die Anweisung dafür gibt. In der Regel handelt es ich hierbei um etwa drei bis fünf Sekunden. Die Methode kann im Sitzen aber auch im Liegen angewandt werden. Für Anfänger finde ich selbst die Anwendung im Sitzen vorteilhaft. Patienten ohne Erfahrung neigen während der Übung zum Einschlafen. Dieses deutet zwar auf eine Entspannung hin, ist in der Regel aber eher der liegenden Position geschuldet anstatt der Übung. Die Konzentration der Person soll auf die Empfindungen zwischen dem Wechsel der Anspannung und Entspannung liegen. Diese Methode weist seit vielen Jahrzehnten immer wieder eine sehr große Wirksamkeit in den durchgeführten Studien auf.

Ein großer Vorteil gegenüber dem autogenen Training ist die Möglichkeit der schnellen Anwendung und der immens schnellen Erfolge der Methode.

11.6.3 Die Traumreise/Phantasiereise

Die zu den imaginativen Verfahren gehörende Methode setzt den Fokus auf das Bilderleben der Patienten (Katathymes Bilderleben). Die Traumreise wird gerne in einem Einzelgespräch durchgeführt.

Auch hier wird vom Therapeuten eine Geschichte vorgetragen, in der sich die mit geschlossenen Augen liegenden Zuhörer entsprechende Bilder vorstellen. Zwischenzeitlich wird immer wieder die Geschichte unterbrochen, um den Personen die Möglichkeit zu geben, sich geeignete Bilder vorzustellen und mit den Sinneseindrücken einen Augenblick zu verweilen.

Wichtig ist hierbei die Rückführung der Patienten in die Realität. Die Methode kann ohne Rückführung durchaus auch als Einschlafhilfe verwendet werden.

Gerne werden von Therapeuten bestimmte Bilder eingebracht und in den Fokus gesetzt, die für eine therapeutische Behandlung des Krankheitsbildes des Patienten wichtig sein könnte.

So findet oftmals nach einer Traumreise eine direkte Nachbesprechung statt oder aber eine malerisch bzw. gestalterische Einheit, bei der die Ergebnisse hinterher besprochen werden.

Natürlich stellen diese genannten Gruppen nur einen Bruchteil der möglichen in einer Tagesklinik dar.

12. Die psychiatrische Institutsambulanz

Die psychiatrische Institutsambulanz gibt es seit dem Jahr 2000. Sie ist ein Teil einer Fachklinik, in der Patienten ambulant behandelt werden können. Sie dient zur Nachsorge nach stationären Aufenthalten, aber auch zur Notfallpsychiatrie. Von Bundesland zu Bundesland gibt es hier allerdings kleine Unterschiede. Oft ist die Institutsambulanz direkt in einem Krankenhaus untergebracht oder aber in den Räumen einer Tagesklinik vorzufinden.

Therapeutisch geleitete Selbsthilfegruppen entstehen meist durch die psychiatrische Institutsambulanz. Das Einzige, was man hierfür braucht, ist eine Überweisung.

Ein weiterer Vorteil ist, dass man gleichzeitig eine Einzeltherapie durchführen und eine solche Selbsthilfegruppe besuchen kann. Das eine schließt das andere nicht aus, da die Einzeltherapie beim Psychotherapeuten über „Therapie" und die Selbsthilfegruppe über „Arzt" abgerechnet wird. Nachfragen der Krankenkasse sind hier nicht zu erwarten. Auch kann es hilfreich sein, die beiden Therapeuten gegenseitig der Schweigepflicht zu entbinden. So können beide ggf. Rücksprachen zu Therapieverfahren oder aber besonderen Vorkommnissen absprechen. Kurz gesagt ist es tatsächlich möglich, zwei Therapeuten gleichzeitig zu haben, und so ein intensives therapeutisches Setting zu bekommen.

Auch ist es möglich, dreimal im Quartal ein sogenanntes Kriseninterventionsgespräch mit einem Therapeuten der Institutsambulanz oder aber mit jedem anderen psychologischen Psychotherapeuten, der dieses für Notfallpatienten anbietet, zu bekommen. Dieses ist ebenfalls sehr hilfreich, sollte man auf einer Warteliste zu einer Einzeltherapie stehen. Auch wenn wir hier nur von einem Gespräch im Monat sprechen, kann dieses mehr als hilfreich sein und zudem auch Leben retten!

13. Medizinische und berufliche Rehabilitation

Das, was viele von uns noch unter den Namen Kur kennen, heißt heute Rehabilitation (kurz: Reha). Die medizinische Reha findet meist stationär in den Rehabilitationskliniken statt. Es gibt ebenfalls einzelne ambulante Einrichtungen. Mit einer Rehabilitationsmaßnahme soll erreicht werden, dass die Erwerbsfähigkeit trotz drohender bzw. vorhandener Gesundheitsschäden aufrechterhalten bleibt. Somit soll der Bezug von einer Erwerbsminderungsrente abgewendet werden. Auch werden anerkannte Arbeitsunfälle oder Berufskrankheiten therapiert. Jede Klinik hat hier eine oder mehrere Fachrichtungen, die sie abdecken kann. Zudem gibt es noch spezielle Kliniken für Kinder, Mütter, Rentner sowie für behinderte Menschen. Ein Aufenthalt beträgt in der Regel drei bis sechs Wochen. Noch während eines Aufenthaltes kann es zu einer Verlängerung kommen.

In der beruflichen Rehabilitation wird versucht, den Patienten in den Arbeitsmarkt durch Umschulungen, berufliche Trainingsmaßnahmen, Weiterbildung usw. zu integrieren.

Grundsätzlich gilt: „Rehabilitation vor Rente".

Kostenträger für eine Maßnahme sind unter anderem:

➢ *Rentenversicherung*

➢ *Unfallversicherung*

➢ *Gesetzliche Krankenkasse*

➢ *Bundesagentur für Arbeit*

In den letzten Jahren ist zu beobachten, dass immer mehr Menschen, bei denen zum ersten Mal eine psychische Krankheit diagnostiziert wird, eine Reha machen. Hiervon halte ich nicht besonders viel. Eine Reha-Klinik hat im Durchschnitt mehrere hundert Patienten gleichzeitig. Dabei ist zu beobachten, dass die Patienten nur von Anwendung zu Anwendung hetzen und ein grundliegendes Problem nur durch die dadurch entstandene Ablenkung behandelt wird. Man wird sozusagen „durchgereicht". In einer psychosomatischen, psychotherapeutischen, psychiatrischen Klinik hingegen sind in der Regel nicht mehr als 30 Patienten auf einer Station. Das Fachpersonal hat hierbei wesentlich mehr Zeit für den Einzelnen. Nach meiner Erfahrung ist hier die Vorbereitung auf eine ambulante Weiterbehandlung besser.

Meine Empfehlung lautet hier eindeutig: Zur Erstbehandlung einer psychischen Erkrankung ist eher ein psychiatrisches Krankenhaus aufzusuchen anstatt eine Rehabilitationsmaßnahme zu durchlaufen. Es besteht auch die Möglichkeit, die Erstbehandlung in einer Akutklinik durchführen zu lassen, und gleich im Anschluss eine Reha zu machen. Viele Patienten berichten sehr positiv davon.

14. Das erste Mal in der Psychiatrie

Das erste Mal in die Psychiatrie ist ein schwerer Schritt. Besonders wenn er freiwillig erfolgt, verdient er einen großen Respekt. Man könnte sagen, ein letzter Teil seines wahren Ichs hat ihn zu einer richtigen Entscheidung getrieben. Der schwarze Hund hat noch nicht vollends die Kontrolle übernommen. Doch sollte man nie vergessen, dass nach dem ersten Schritt auch ein weiterer folgen muss. Es reicht auch hier nicht, in der Klinik einfach nur anwesend zu sein. Man muss auch das annehmen, was einem dort angeboten wird. Oft habe ich Patienten erlebt, die nach ein paar Tagen die Klinik verlassen haben und gesagt haben: „Der ganze Mist bringt hier doch nichts." Man muss schon wollen und so aktiv wie möglich mitarbeiten. Mir war immer alles, was mit Entspannung zu tun hat, ein Graus. Doch ich habe die Angebote angenommen. Von der progressiven Muskelentspannung, Joga bis hin zu den Traumreisen habe ich alles ausprobiert. Wahrlich nicht alles war für mich wie geschaffen, und nicht alles hat von vorneherein Wunder bewirkt. Doch irgendwann merkt man, was einem hilft. Man braucht Geduld und vor allem Zeit. Man sollte sich kein Ultimatum setzen, wann man wieder gesund sein möchte. Es dauert so lange, wie es dauert! Schließen Sie Kontakt mit anderen Patienten, seien Sie aber vorsichtig mit der Fragerei.

Nicht jeder mag es, wenn gleich nach seiner Diagnose gefragt wird. Für mich selbst habe ich entschieden, einen Menschen nicht nach seiner Diagnose zu beurteilen, sondern nur den Menschen dahinter zu sehen.

In Gesprächsgruppen, deren Inhalte der Schweigepflicht unterliegen, lernt man sehr schnell eins: Man ist nicht allein! Oft hört man in einer Gesprächsrunde den einen Satz: „Du auch"? Auch wenn es der schwarze Hund einem immer wieder wahrmachen will, man ist nicht alleine! Viele Menschen kennen das schwarze Loch, die Gefühle und Gedanken, die einen oft zermürben. Und viele kennen inzwischen Tricks, die einem helfen. Für einen Austausch unter Menschen, die diese tückische Krankheit so sehr hassen, sind die Gesprächsgruppen so ungemein wichtig. Oft fällt man anscheinend immer wieder in dasselbe Loch. Glauben Sie mir, auch Sie lernen dazu. Vielleicht fällt man zweimal, dreimal, manchmal auch viermal in dasselbe Loch. Doch schon beim nächsten Mal gehen Sie einfach drum herum oder Sie legen einfach eine lange Leiter oder einen Balken über das Loch. Die ersten Tage sind oft von ärztlichen Untersuchungen und Gesprächen mit Therapeuten geprägt. Es scheint oft so, als müssten Sie tausendmal das gleiche erzählen. Und Sie werden wohl damit auch Recht haben. Mir fällt das bei jedem Klinikaufenthalt wieder auf. Ich nenne es einfach mal Ablaufprobleme. Das Personal will niemanden damit ärgern oder gar kontrollieren, ob Sie mehr als einmal die gleiche Geschichte erzählen können. Hier heißt es einfach Augen zu und durch.

Wenn es Ihnen zu viel wird, sagen Sie einfach Bescheid. Auch ich habe schon eine Aufnahmeuntersuchung abgesagt, weil ich einfach nicht mehr konnte. Meistens kommt man während der ersten Tage mit Krankheitsbildern in Kontakt, die man nicht einmal namentlich kannte. Das kann sehr verstörend sein. Es kann eventuell auch etwas Angst machen. Sprechen Sie in dem Fall mit dem Pflegepersonal oder Therapeuten darüber. Auch die meisten Visiten sind gewöhnungsbedürftig. Man wartet darauf, dass man hereingebeten wird, und es schauen einen auf einmal recht oft sechs Augenpaare an: Oberarzt, Stationsarzt, Oberschwester, Psychologin, Sozialpädagogin und eventuell sogar noch ein Ergotherapeut. In jedem Krankenhaus ist der Ablauf etwas unterschiedlich. Manche Visiten finden auch auf dem Krankenzimmer statt. Jedenfalls schauen Sie ziemlich viele Augen an, und nicht für jeden ist diese Verfahrensweise leicht.

Manche Kliniken setzen sehr auf die Arbeitstherapie, ebenfalls angegliedert an die Ergotherapie, in der die Patienten jeden Tag für ein paar Stunden gemeinnütziger Arbeit nachgehen, um wieder in einen geregelten Tagesablauf zu kommen.

Ich hätte nie gedacht, dass ich diese Zeilen einmal schreiben werde, aber selbst außerhalb einer Klinik ist die Ergotherapie ein sehr wichtiges Instrument, um psychisch kranke Menschen zu unterstützen. Durch diese Therapie bin ich heute ehrenamtlich beim Deutschen Roten Kreuz tätig. Die Ergotherapie war für mich immer ein Graus. Ich habe

Menschen getroffen, die selbst nicht wussten, dass sie so talentvoll mit dem Pinsel und den Farben umgehen konnten und Bilder gemalt haben, die sie hinterher sogar verkauft haben. Bilder von psychisch kranken Menschen haben einen ganz bestimmten Ausdruck. Dieser ist einfach unbeschreiblich, als ob sie ihre Gefühle und Gedanken einfach aufmalen könnten. Selten bekommt man so ausdrucksvolle Bilder zu sehen.

Sollten Sie eines Tages mit Mitpatienten an einem Tisch in einem Krankenhaus sitzen und sich gegenseitig Geschichten aus der Vergangenheit erzählen, und Sie müssen dabei lachen, dann lachen Sie. Auch wenn Sie in einer psychiatrischen Klinik sind, heißt das noch lange nicht, dass Sie nicht lachen dürfen. Lachen ist sogar erwünscht. Denn Lachen ist bekanntlich die beste Medizin. Während eines Krankenhausaufenthalts saßen wir in einer lustigen Runde und spielten Gesellschaftsspiele. Wir lachten wirklich alle ausnahmslos Tränen. Manchen Patienten war das sehr peinlich, da sie dachten, sie seien doch krank und dürften deshalb nicht lachen. Das ist natürlich absoluter Unsinn, was uns auch alle anwesenden Krankenschwestern bestätigten. Versuchen Sie in den von der Klinik gebotenem Tagesablauf hineinzukommen. Damit kommen Sie automatisch mit anderen Patienten in Kontakt. Vergessen Sie bitte eins nie: Dass Sie in der Klinik sind, ist keine Niederlage! Sondern ein Sieg über den schwarzen Hund!

15. Suizid

Beim Thema der psychischen Erkrankungen kommt man in der Regel nicht am Thema Suizid vorbei, was nicht heißt, dass jeder psychisch erkrankte Mensch automatisch Selbsttötungsgedanken hat. Bei den in diesem Kapitel genannten Statistiken berufe ich mich auf die vom Robert Koch Institut erstellten Statistiken im Auftrag des statistischen Bundesamtes sowie Statistiken der WHO.

Vorab möchte ich mich zuerst mit einem ganz großen und folgenschweren Vorurteil auseinandersetzen.

„Wer über Suizid spricht, der tut es nicht"! Ganz nach dem Motto: Hunde, die bellen, die beißen nicht!

Fakt ist, dass auf zehn Suizidanten acht kommen, die unmissverständlich vorab von ihren Absichten gesprochen haben. Ein Suizid geschieht immer mit Vorzeichen. Nur leider werden diese zu spät beziehungsweis gar nicht wahrgenommen. Im schlimmsten Fall werden die Menschen nicht ernst genommen. Für Angehörige werde ich eine ganze Reihe der Anzeichen möglicher Suizidgefährdung aufzählen. Tötungsgedanken sprechen nicht gegen den Willen zu leben. Auch wollen die meisten Suizidanten sich zwangsläufig nicht das Leben nehmen. Sie schwanken zwischen den Gedanken an den Tod und an das Leben.

In der Regel haben diese Menschen nichts gegen das Leben, sondern nur gegen ihre momentane Lebenssituation. Bedingt durch ihr Empfinden der Aussichtslosigkeit und Hoffnungslosigkeit sehen sie keinen anderen Ausweg. Gefährlich ist die Zeit, in der sich eine suizidale Krise auflöst. Der Patient hat neue Energie gewonnen und ist statistisch gesehen gerade jetzt sehr gefährdet. So wird in Krisenzeiten von Psychiatern in den Kliniken auch kein antriebssteigerndes Medikament verabreicht. Somit versucht man zu verhindern, dass der Patient neue Energie für einen Suizidversuch bekommt.

15.1 Was spricht für ein erhöhtes Suizidrisiko?

➢ *Frühere Suizidversuche oder suizidale Äußerungen*

➢ *Vorkommen von suizidalen Handlungen oder Androhungen im Bereich der Verwandtschaft oder näherem Freundes/Kollegenkreis. Hier droht eine Sogwirkung bzw. eine Identifikationsneigung. Der Suizidgedanke wird hier „getriggert"*

➢ *Offen Androhungen eines Suizids des Patienten*

➢ *Äußerungen über konkrete Ausführungen und Vorstellungen der Ausführung*

➢ *Selbsthass und Vernichtungsgedanken*

➢ *Lang andauernde Schlafstörungen*

- Beginn oder Abklingen depressiver Phasen
- Unterdrückte Gefühlsausbrüche und Aggressionsstauungen
- Schwere Schuldgefühle
- Medikamentensucht, Drogensucht und/oder Alkoholismus
- Familiäre Probleme
- Fehlen oder Verlust von sozialen Kontakten
- finanzielle Schwierigkeiten
- Fehlen von Lebenszielen

Diese genannten Risikofaktoren sind nur eine kleine Auswahl an Anzeichen, bei denen man bei psychisch labilen Menschen schon einmal näher hinschauen sollte.

Die im Alltag üblichen, meist auch sinnvollen Vorschläge und Aufmunterungen sind meist wirkungslos und sogar fehl am Platz. Der Betroffene hat in der Regel meist schon über alles nachgedacht und bekommt so den Eindruck, es wäre wirklich alles hoffnungslos. Es gibt gezielte Fragen, die man einem Patienten in solch einer Zeit stellen kann. Diese sollten aber ausschließlich Fachleuten vorbehalten sein. Ist der Patient ein Angehöriger, kann man auch bei seinem Hausarzt oder am Krisentelefon Hilfe bekommen. Entsprechende Telefonnummern stehen im Telefonbuch oder sind dem Internet zu entnehmen.

Eines sollte uns aber allen klar sein:

Jedem Suizid geht ein missglücktes oder nicht stattgefundenes Gespräch voraus.

Selbstmörder ist man lange, bevor der eigentliche Suizidversuch stattfindet. Selbstmord ist die Abwesenheit anderer.

Ein Suizid beendet ein Problem, es löst aber keins!

Die Fachleute sprechen von den drei Phasen eines möglichen Suizids.

15.1.1 Erste Phase: Die Erwägung

Patienten sehen einen Selbstmord als Lösung an. Der Betroffene zieht sich zurück und isoliert sich sozial.

15.1.2 Zweite Phase: Die Abwägung

In der zweiten Phase gewinnen die Suizidgedanken an Macht. Es fällt dem Betroffenen immer schwerer, sich von den Gedanken zu distanzieren

Der Patient setzt sich mit Möglichkeiten seiner Absichten gezielt und stetig auseinander. Es kommt durch Andeutungen zu sogenannten Hilferufen.

15.1.3 Dritte Phase: Der Entschluss

Bei ausbleibender Hilfe nehmen die Gedanken immer mehr zu. Der Patient wird auffällig ruhig und gelassen. Dieses ist die sogenannte Ruhe vor dem Sturm.

15.2 Herkunft/Bedeutung

Das Wort Suizid wird hauptsächlich in der wissenschaftlichen und medizinischen Sprache verwendet. Der Begriff Selbsttötung und Selbstmord wird oft zu stigmatisierend gesehen. Von dem Wort Freitod wird komplett Abstand genommen. Gerade ein depressiver Mensch ist alles andere als frei. Seine Erkrankung bringt oft suizidale Gedanken mit sich, die sich im Kopf festsetzen.

15.3 Ursachen/Statistiken

90 % aller Suizide bzw. Versuche der westlichen Welt lassen sich auf psychische Erkrankungen zurückführen. Am häufigsten sind die Depressionen und bipolaren Störungen (früher manisch-depressiv) betroffen. Suchterkrankungen, chronische Schmerzen sowie Störungen der Persönlichkeit spielen eine wichtige Rolle. Diese haben oftmals einen fließenden Übergang in eine Depression.

Eine interessante Statistik besagt, dass die Suizidrate von Ärzten 3,4-mal höher ist als die anderer Bürger. Die Suizidrate der Ärztinnen ist sogar 5,7-mal höher.

Neben den Stressoren im Beruf dürfte hier auch die Verfügbarkeit von entsprechenden Medikamenten, die zum Suizid führen, ein wichtiger Faktor sein. Ebenfalls wurde herausgefunden, dass 3%-4% aller depressiv erkrankten Menschen, durch einen Suizidversuch oder seinen späteren Folgen sterben. Im Jahr 2008 wurden in Deutschland offiziell 9451 Sterbefälle durch Suizid gemeldet.

Dabei ist auffällig, dass es sich hierbei um dreimal mehr Männer als

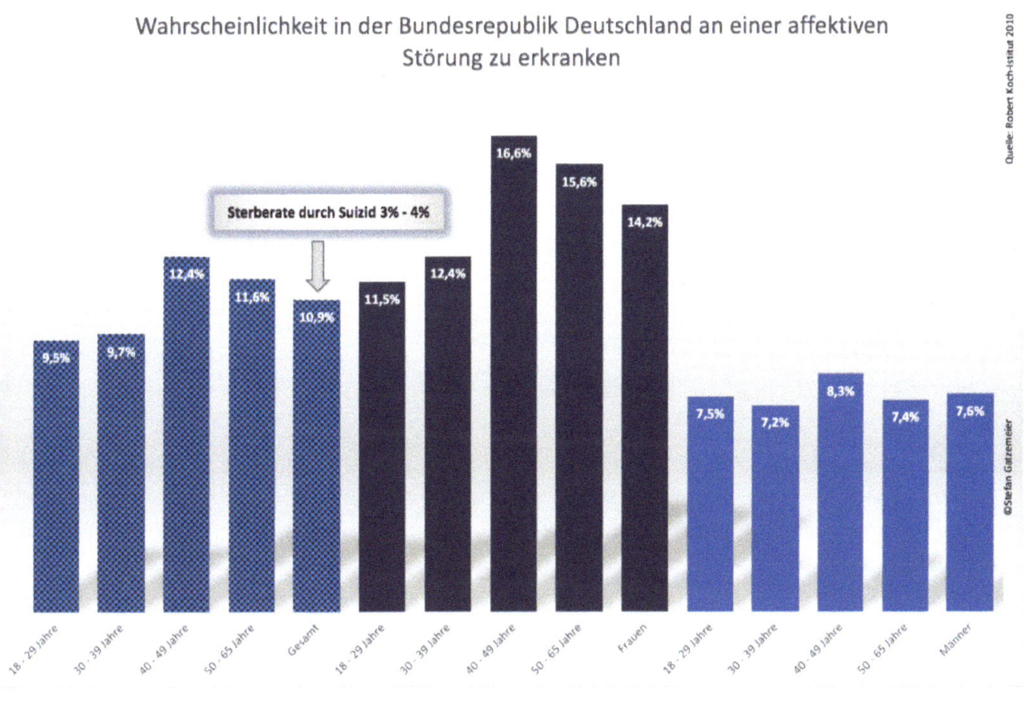

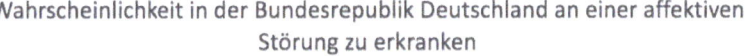

Wahrscheinlichkeit in der Bundesrepublik Deutschland an einer affektiven Störung zu erkranken

Frauen handelt, obwohl die diagnostizierte Rate von Depressionen bei Frauen, in allen Altersklassen ab 18, wesentlich höher ist als die der Männer.

16. Nachwort

Die in diesem Ratgeber fach- und sachdienlichen Informationen sind vom Autor nach besten Wissen und Gewissen, sowie größter Sorgfalt recherchiert. Der Autor erhebt keinen Anspruch auf Vollständigkeit, Richtigkeit und Aktualität. Der Ratgeber dient als erste Orientierung für Betroffene, Angehörige und Interessierte. Zu keinem Zeitpunkt ersetzen die Informationen ein Arzt- und/oder Therapeutengespräch. Die vorstehenden Informationen haben dem Autor die letzten Jahre selbst immer wieder geholfen. An vielen Stellen wird die Meinung aufgrund eigener Erfahrungen des Autors wiedergespiegelt.

17. Hilfsangebote und weiterführende Informationen Bundesweit

Telefon Seelsorge in Deutschland

0800 111 0 111

0800 111 0 222

www.telefonseelsorge.de

Kassenärztlicher Bereitschaftsdienst

116 117

Notdienst

112

Kinder- und Jugend Seelsorge Nummer gegen Kummer

0800 111 0 333

www.nummergegenkummer.de

Info-Telefon zu Anlaufstellen im Versorgungssystem

0800 33 44 533

Freunde fürs Leben

www.frnd.de

Deutsche Depressionsliga

www.depressionsliga.de

Bundesverband der Angehörigen psychisch Kranker e.V.

www.psychiatrie.de/bapk

Stiftung Deutsche Depressionshilfe

www.deutsche-depressionshilfe.de

Lesen Sie auch

Es gibt Ereignisse, die wie ein Windhauch vorüberwehen und es gibt jene, die das Leben wie ein Erdbeben erschüttern und alles einstürzen lassen. Jeder Mensch hat in der Vergangenheit gute und schlechte Erfahrungen gemacht. Der eine verarbeitet sie, der andere stolpert darüber und arbeitet sie später auf. Wieder andere werden dadurch krank: so wie ich. Dies ist die Geschichte über meinen Weg durch mein persönliches Erdbeben: meine Depression. Ein Weg, der mich an den Rand des Erträglichen und schließlich zu mir selbst gebracht hat. Mit diesem Buch möchte ich Erkrankten sowie Angehörigen Mut machen zu kämpfen und niemals aufzugeben. Ich zeige, dass diese Krankheit bei jedem Betroffenen unterschiedlich, und vor allem nicht so wie es im Lehrbuch steht, verlaufen kann. Besonders an meiner Krankheitsgeschichte ist, dass sie noch nicht zu Ende ist. Statt rückblickend, schrieb ich sie während meines Weges. Sie ist schonungslos und real. Das Erzählen über das eigene Leben ist eine Achterbahn der Gefühle, schließlich durchlebt man es ein zweites Mal. Gleichzeitig bedeutet es eine spannende Reise – womöglich die spannendste überhaupt. Ich selbst sah sie als Expedition zu meinem eigenen Ich. Der erste Meilenstein auf dem Weg zu sich selbst ist, sich mit anderen auszutauschen und zu wissen, dass man nicht allein ist, wenn man die richtigen Schritte geht. Doch lesen Sie selbst und erkennen Sie: jede Lebensgeschichte ist so unterschiedlich und abwechslungsreich wie der Mensch, der dahintersteckt.

"Wie geht es Ihnen?", war nach der Klinik in Wunstorf eine häufig gestellte Frage von Therapeutin und Ärzten. Wie schwer die Antwort sein kann, versteht erstere wahrscheinlich am besten. Unter den Ärzten muss man schon einen erfahrenen Psychiater haben, der sich auch etwas psychotherapeutisch in den Patienten hineinversetzen kann. Was möchte das Gegenüber hören? Eine Momentaufnahme, wie es letzte Woche war oder wie es wahrscheinlich heute Abende sein wird? Ging es mir in diesem Moment gut, brauchte ich keine Hilfe, keine Therapie und erst recht nicht die ganze Chemie, die ich on mas in mich hineinstopfte. In den guten Momenten war ich keineswegs manisch, leugnete aber meine Erkrankung und redete mir die schlechten Momente schön. Das fatale daran: Ich schauspielerte so gut, dass ich mir selbst glaubte! Mit meiner Hausärztin und Therapeutin hatte ich schon lange die Abmachung, dass meiner Antwort „gut" nicht sofort Glauben geschenkt wird. Therapeutisch gesehen ist das nicht ganz okay von mir, da ich die Verantwortung für mich selber in diesem Moment abgebe. Mir reichte jedoch der Wink, den Begriff „gut" nicht zu verwenden, weswegen ich ihn in Bezug auf mein Wohlbefinden weitgehend mied. Bei Arbeitskollegen und Bekannten, wo die Frage „Wie geht es Dir?" nur eine Floskel ist, mache ich mir natürlich nicht die Arbeit und suche eine Erklärung für „gut". Abgesehen davon musste meine Therapeutin gar nicht mehr fragen, wie es mir ging. Sie schaute mir einfach in die Augen... oder besser: Sie schaute direkt in meinen Kopf und wusste sofort, wie es mir ging. Seitdem konnte ich ihrem Blick nicht mehr standhalten. Und genau das machte sie zu gerne. In diesen Momenten wo keiner etwas sagte, schaute sie mich einfach an. Nein, sie starrte nicht, aber sie las in mir. Es war mir nicht unangenehm, dass sie mich anschaute, es war eher die Tatsache, dass sie mich für unhöflich halten könnte, weil ich wegschaue.

Mal ging es mir fünf Tage gut und dann wieder so schlecht, dass ich am liebsten die Zeit unter der Bettdecke verbrachte. Mal hatte ich einen halben Tag Ruhe und dann ging es nachmittags wieder steil bergab. Genauso konnte es aber andersherum sein. Es war kein Schema mehr erkennbar. Genauso wenig konnte ich einen Auslöser für die Stimmungsschwankungen finden. Es stresste mich zu sehr, hinter den Schwankungen ein Gefühl oder einen Grund zu suchen. Ich begann, sie hinzunehmen. Doch eins konnte ich nie akzeptieren: Die Schwankungen, die mich auf den Boden sacken ließen wie ein Boxer, der gerade nach einem Volltreffer zu Boden fiel. Die schlechten Gedanken gingen mir nie aus. Saß ich noch eben mit Freunden im Café und lachte lauthals, dachte ich im nächsten Moment schon wieder über mein Ende nach. Wie würde es aussehen, dort drüben am Geländer zu hängen? Welcher Medikamentencocktail wäre sicher?

MIX

Papier | Fördert
gute Waldnutzung

FSC® C083411

Zeitfracht Medien GmbH
Ferdinand-Jühlke-Straße 7
99095 Erfurt, Deutschland
produktsicherheit@kolibri360.de